par

# Benjamin Rabier

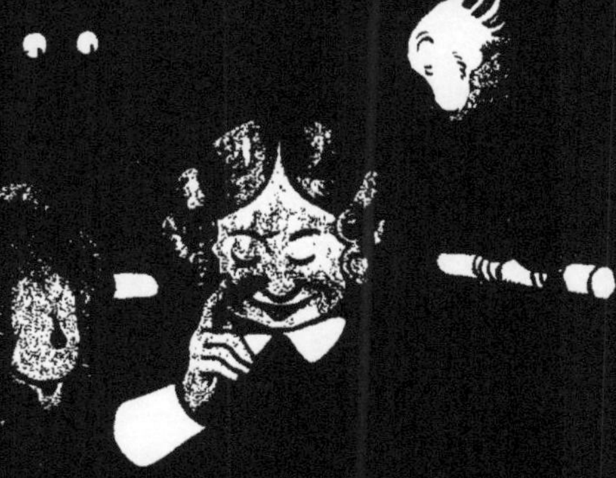

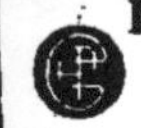

Librairie GARNIER Frères
6, Rue des Saints-Pères, 6
PARIS

# ÉCOUTEZ-MOI

# ÉCOUTEZ=MOI

PAR

Benjamin RABIER

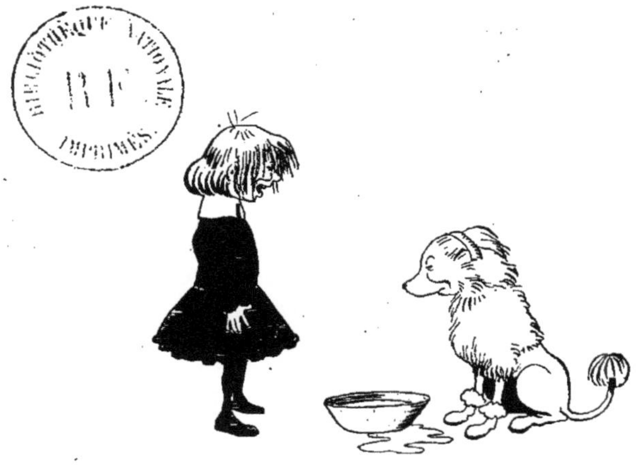

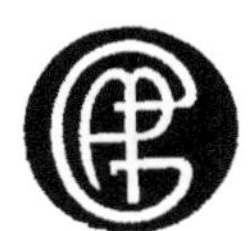

PARIS

LIBRAIRIE GARNIER FRÈRES

6, RUE DES SAINTS-PÈRES, 6

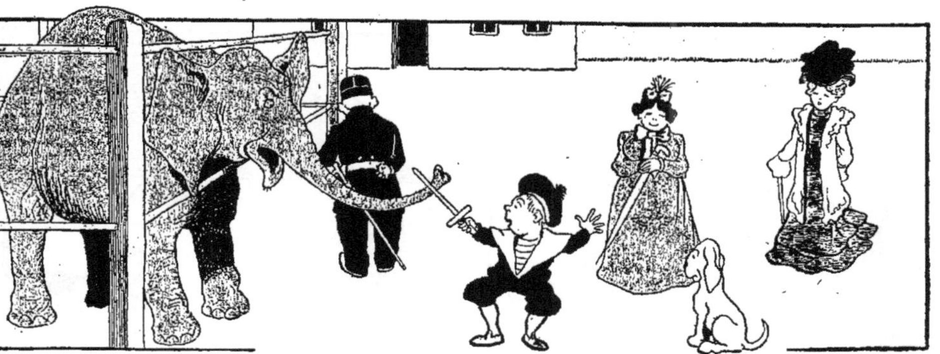

— En garde, l'éléphant... en garde !

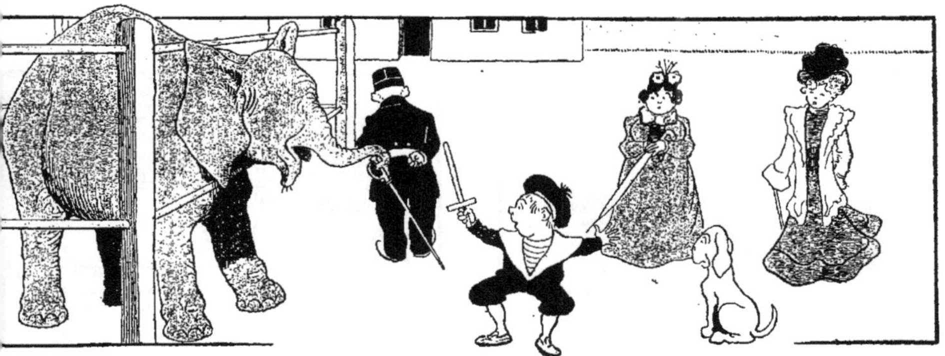

— Petit, donne-moi au moins le temps de prendre une épée pour me défendre.

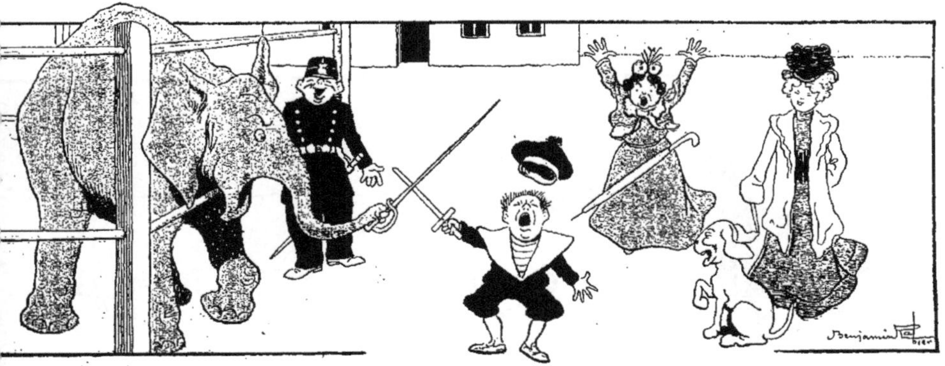

— En garde, petit..., en garde !

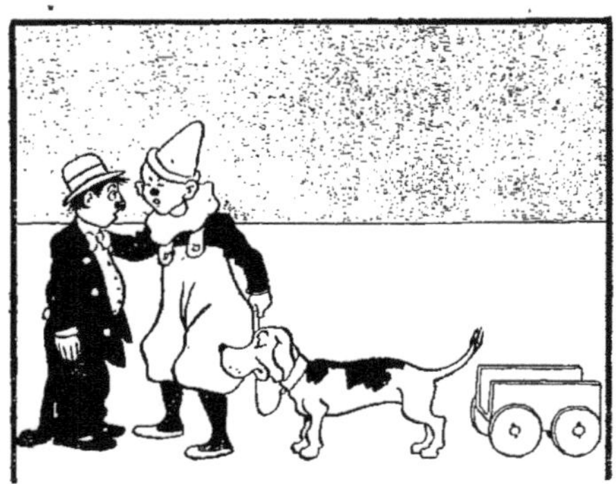

1. — Comment ! Gugusse, à votre âge, vous ne savez pas ce que c'est qu'une voiture automobile ?...

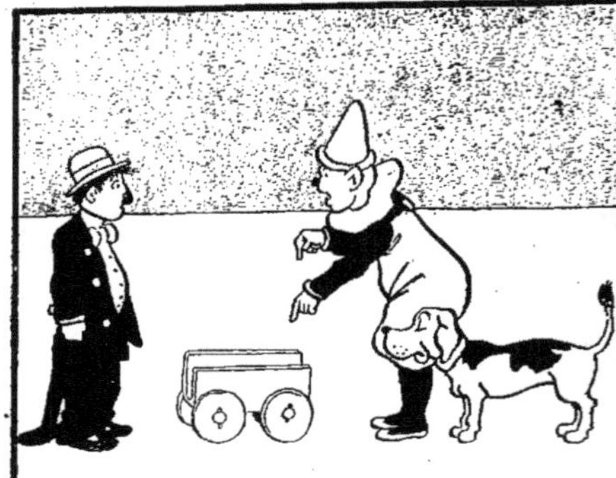

2. — Tenez, si vous voulez me prêter un peu d'attention, je m'en vais en fabriquer une devant vous. Voici d'abord la caisse...

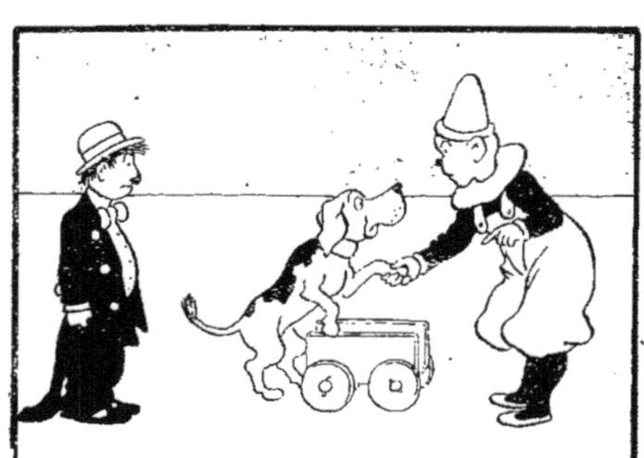

3. — Maintenant, vous introduisez un moteur dans la caisse...

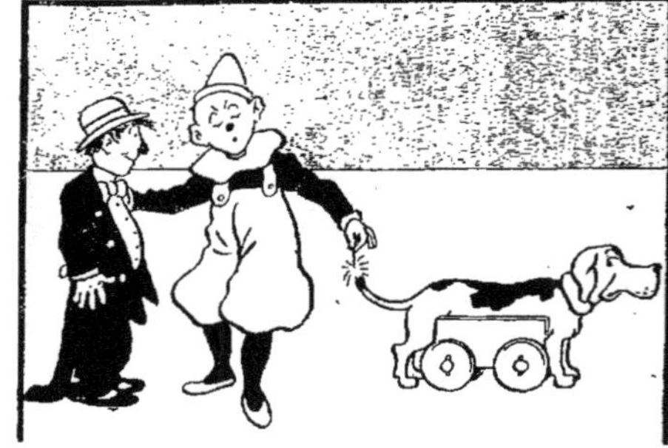

4. — Si le moteur est à pétrole vous allumez la mèche...

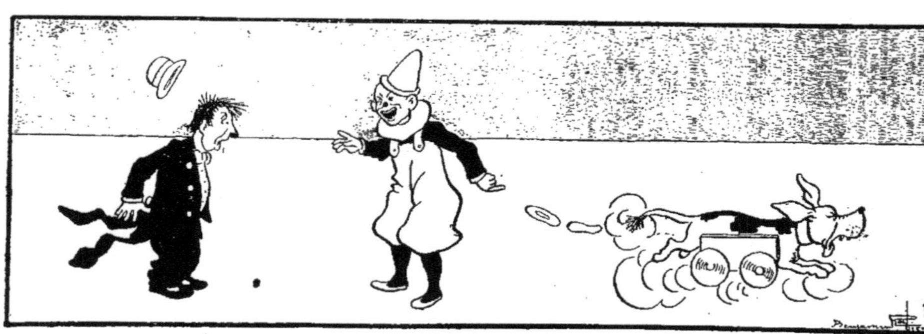

5. — Et l'automobile file à toute vapeur !...

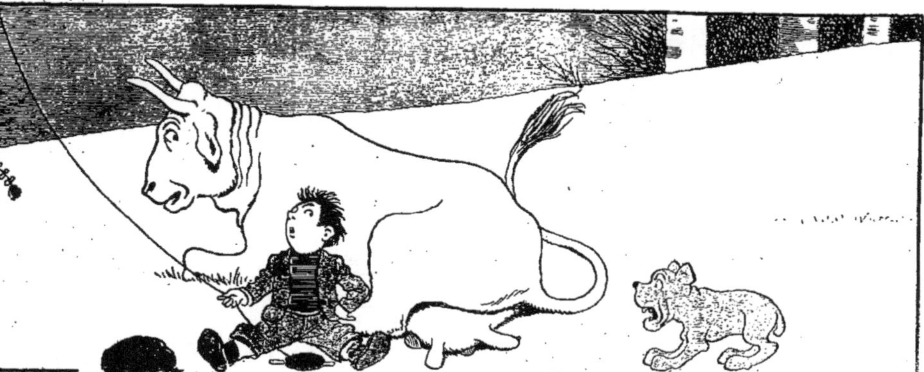

— Attends un peu, sale cabot...

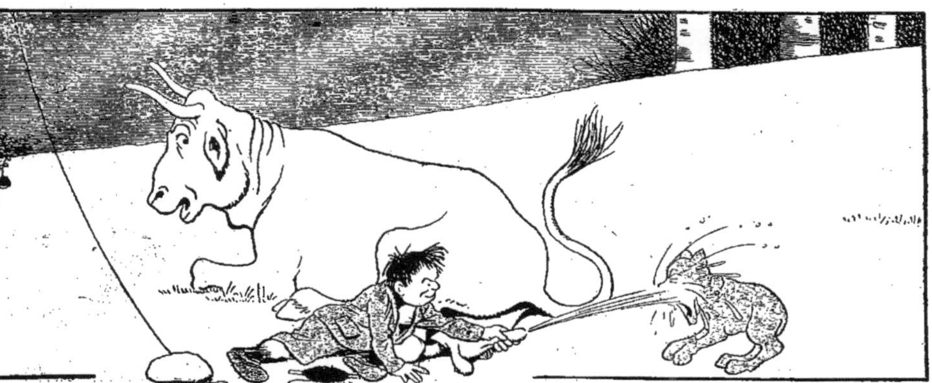

— Voilà une douche qui va calmer ton ardeur.

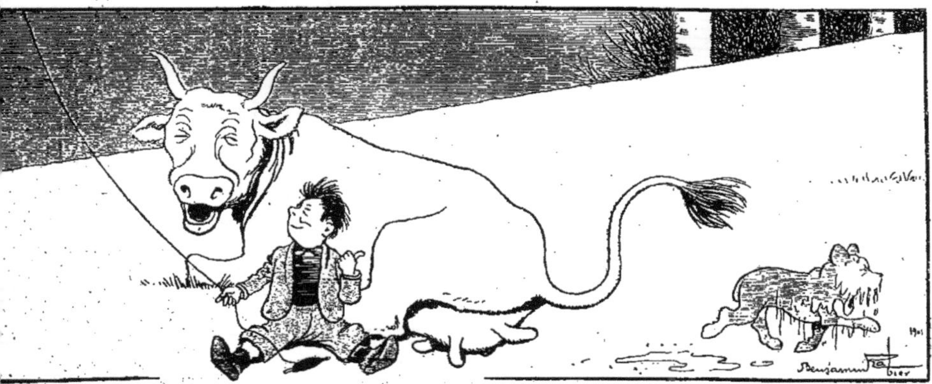

— Monsieur a pris sa tasse de lait... au revoir !

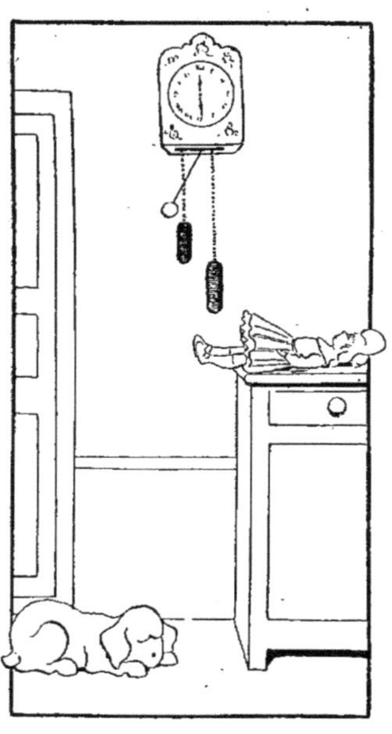

1. — Midi et demi...

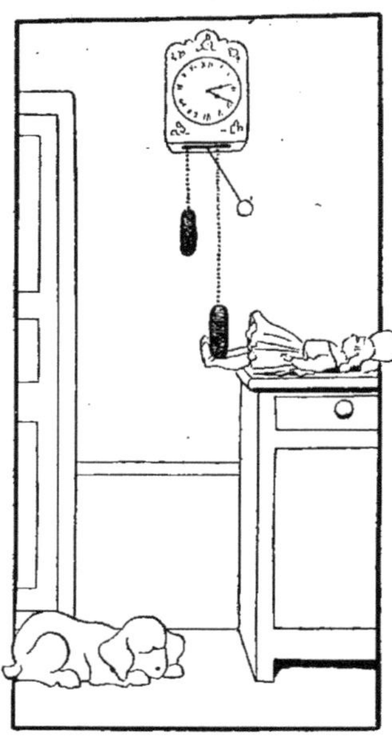

2. — Deux heures vingt minutes.

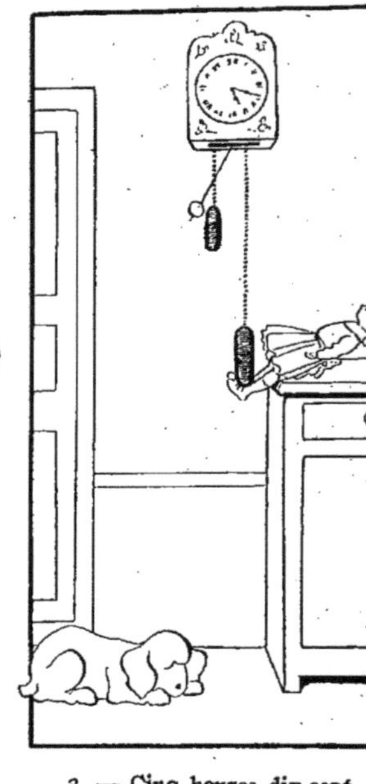

3. — Cinq heures dix-sept.

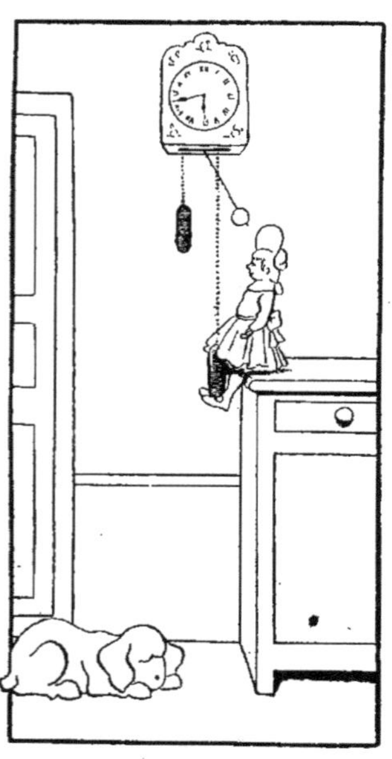

4. — Six heures moins le quart.

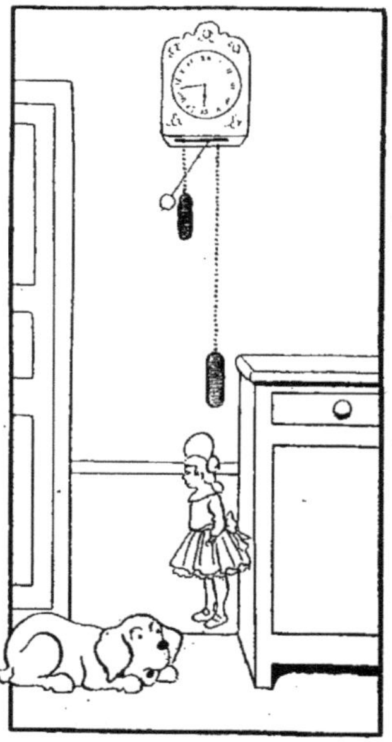

5. — Bonjour, Médor !

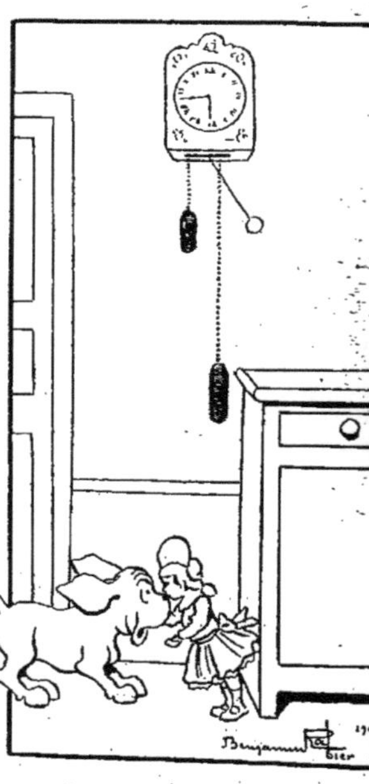

6. — Embrassons-nous !

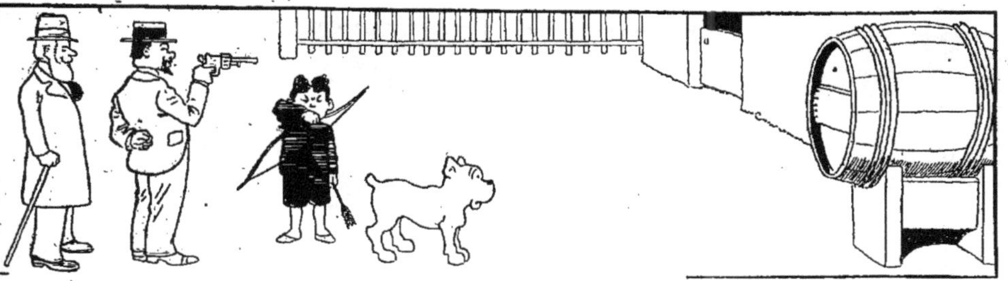

— Dans le Midi, nous sommes tous très forts au tir... Vous voyez cette mouche qui se promène sur le tonneau ?...

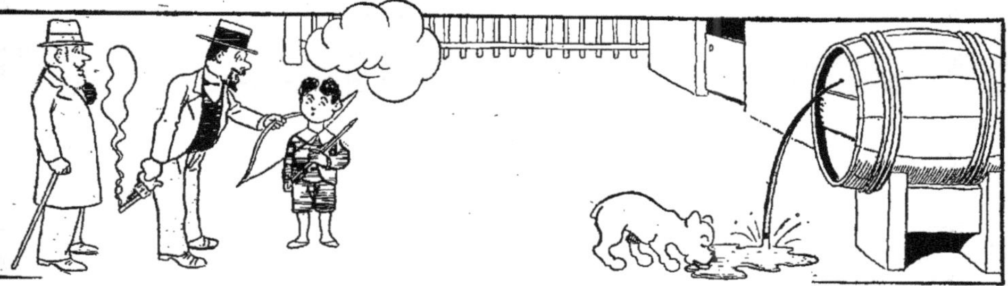

— Pan !... écrasée la mouche. Sapristi !... je ne savais pas que le tonneau fût plein de vin... Petit, passe-moi arbalète...

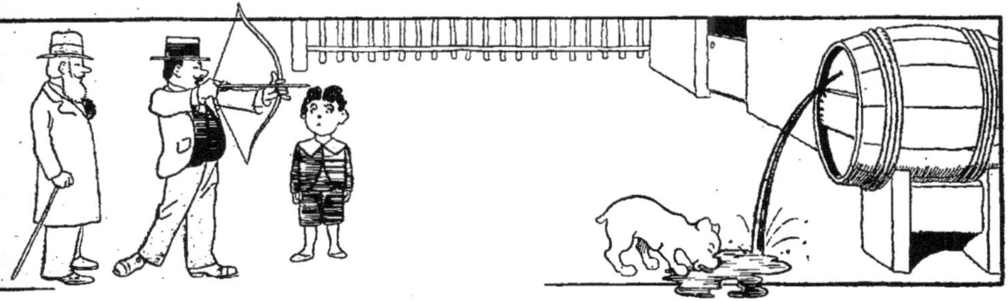

— Et réparons le dommage...

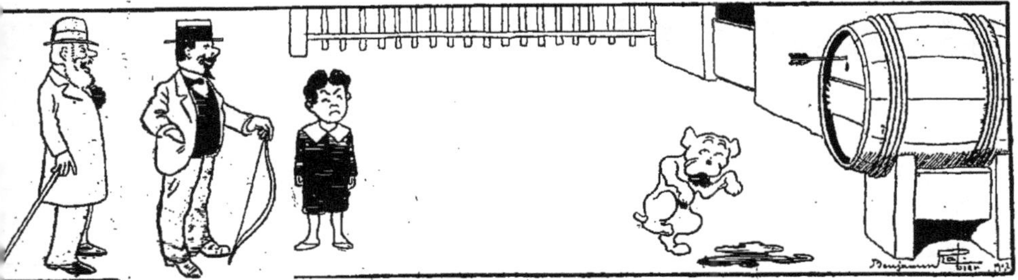

— Voilà comme nous sommes tous dans le Midi !...

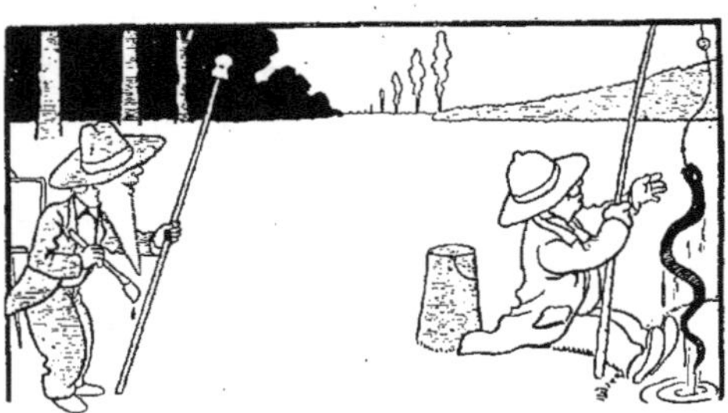

1. — Voilà un gêneur qui gâte ma perspective...

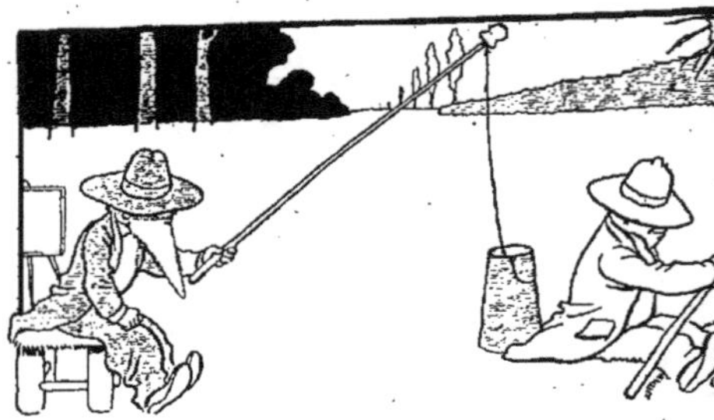

2. — Avec un appui-main, une épingle en guise d'hameçon et une bouchée de pain...

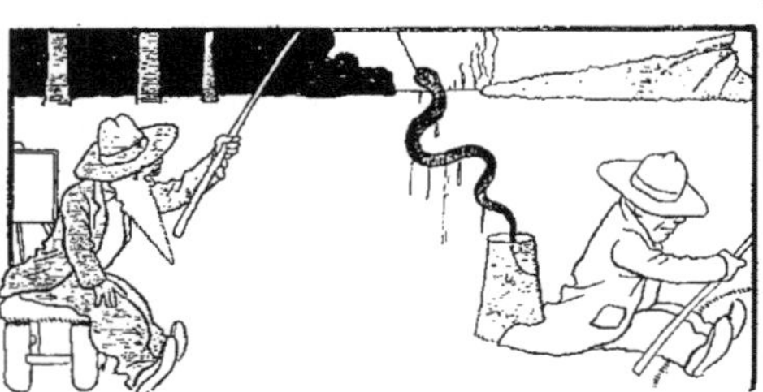

3. — On peut fabriquer un excellent engin pour la pêche à l'anguille.

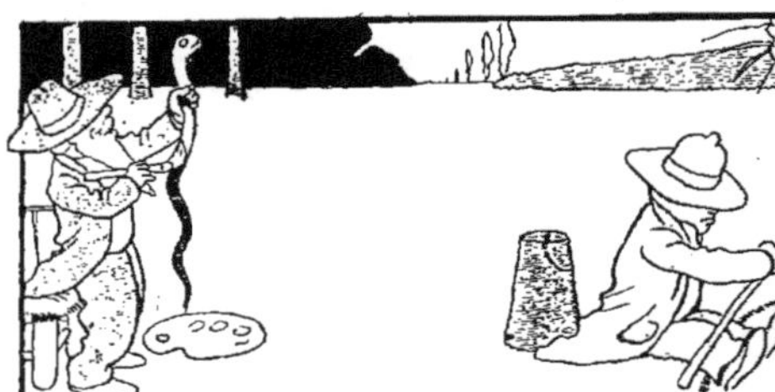

4. — Maintenant, en avant la palette. Blanc de céruse et vermillon.

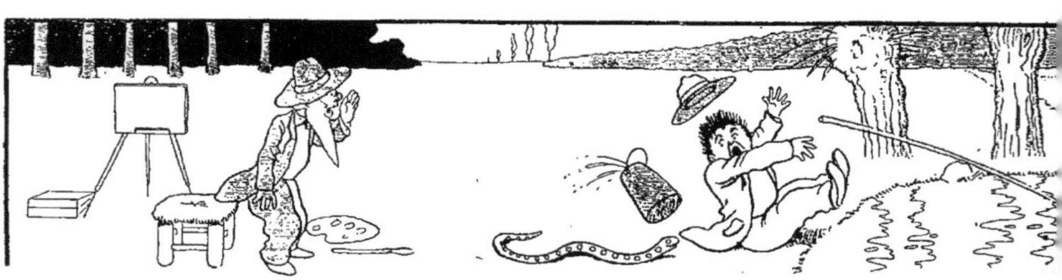

5. — Au secours !... C'est un aspic monstrueux... sauve qui peut !

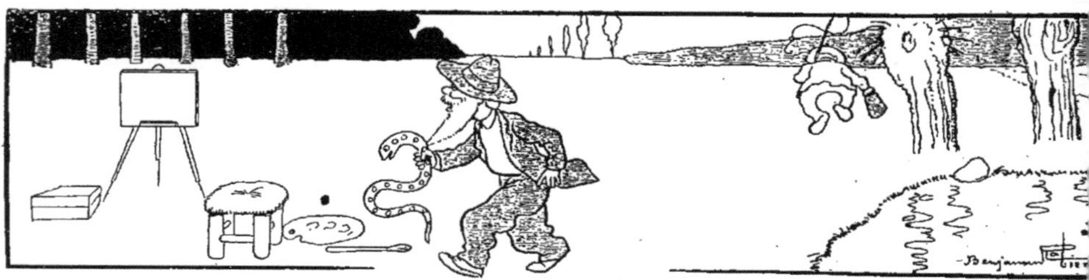

6. — Tout ça ne vaut pas l'excellente matelote que je vais m'offrir pour déjeuner...

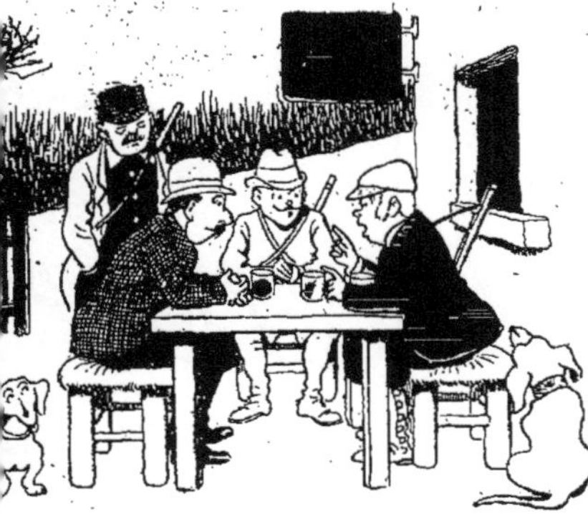

— Je vais vous raconter comment, la semaine der-j'ai tué un sanglier.

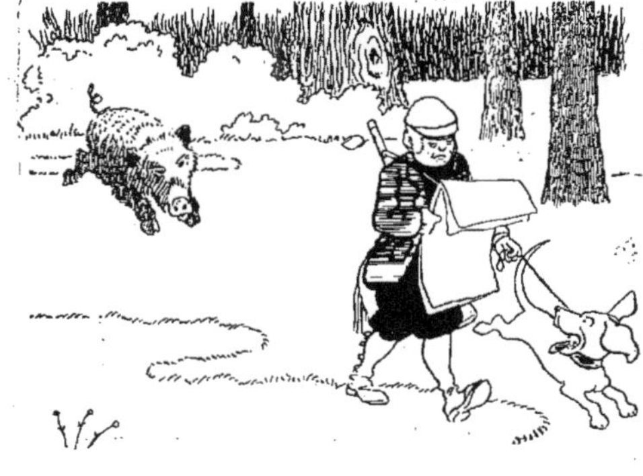

2. — Je traversais la forêt de Gatine, lorsqu'à deux pas devant moi, se dresse un énorme sanglier.

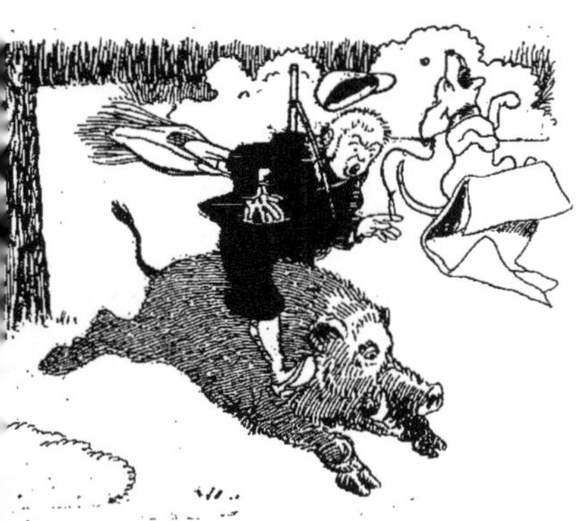

— En moins de temps qu'il n'en faut pour le er, je saisis mon fusil.

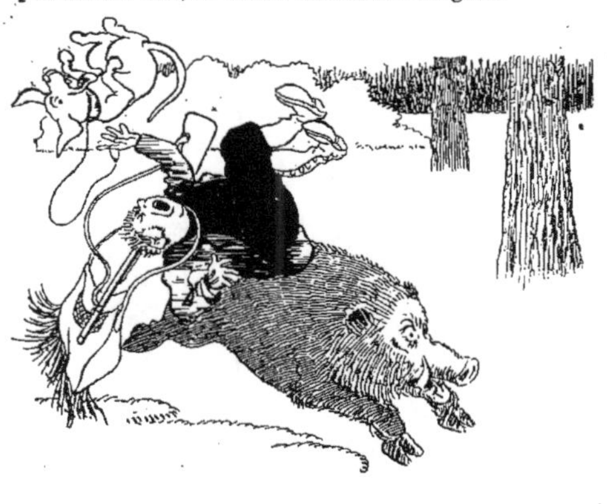

4. — Et au moment où la bête furieuse va fondre sur moi...

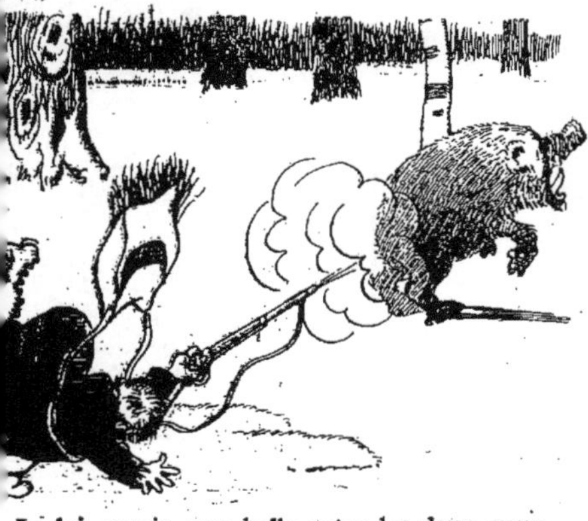

Je lui envoie une balle entre les deux yeux, mon chien, faillit être écrasé par la bête.

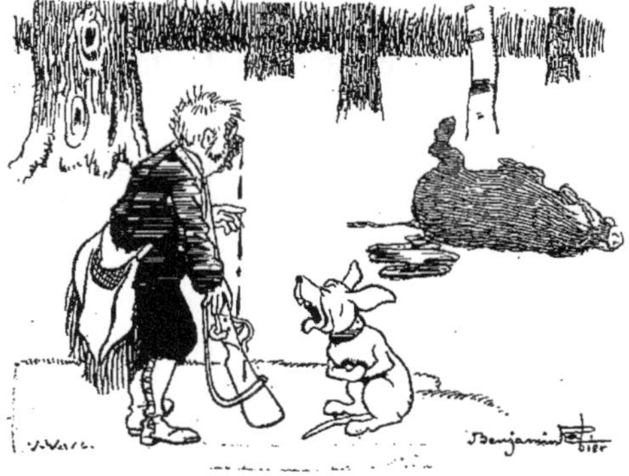

6. — J'épongeai la sueur qui coulait de mon front et tranquillement, suivi de Médor qui gambadait, je rentrai chez moi.

8

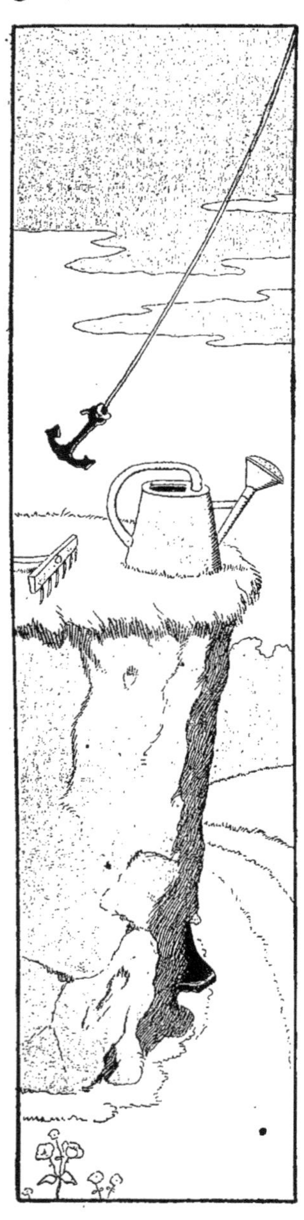

1. — ...

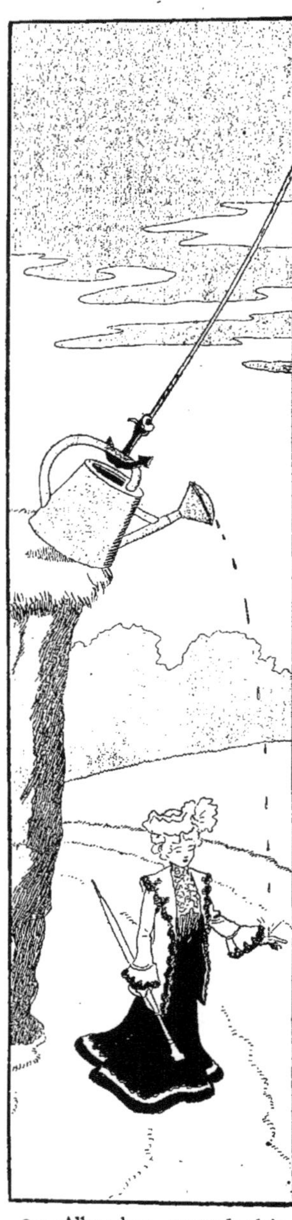

2. — Allons, bon... encore la pluie...

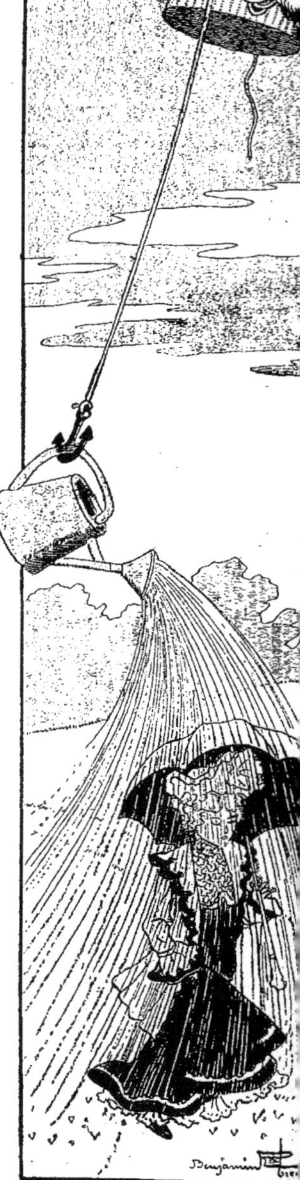

3. — Quel chien de printemps

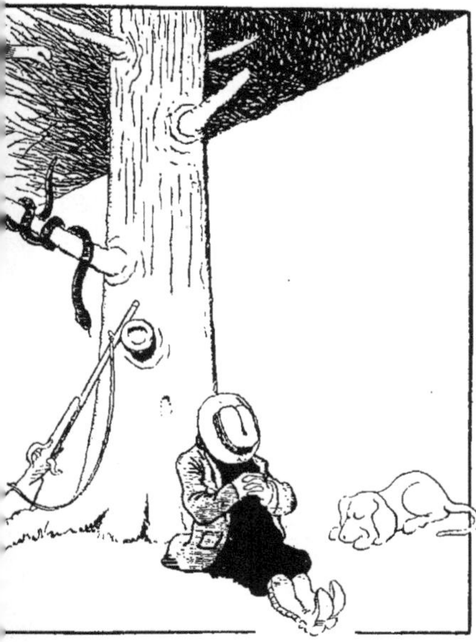

. — Le chasseur dort. Une couleuvre descend dou-
ent de l'arbre qui abrite le chasseur.

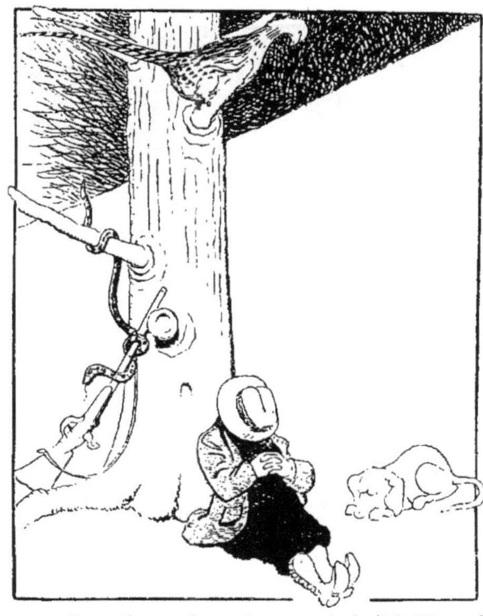

2. — La couleuvre s'enroule autour du fusil du Nemrod
pendant qu'un superbe faisan vient se reposer sur l'arbre.

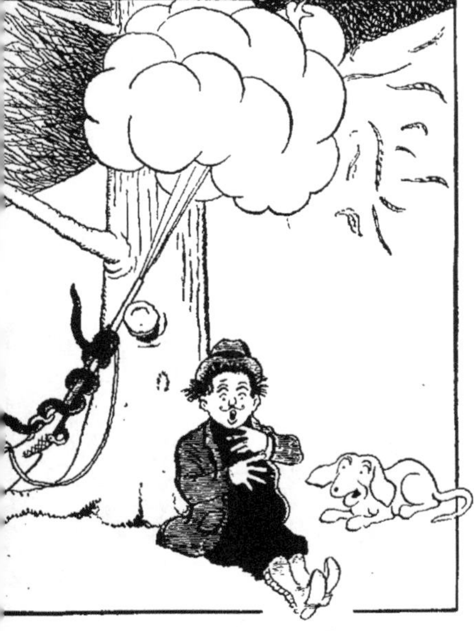

. — Le serpent passe la tête dans l'ouverture du
.tet du fusil et appuie, pour passer, par mégarde sur
âchette. Boum ! le fusil part et la balle tue le faisan.

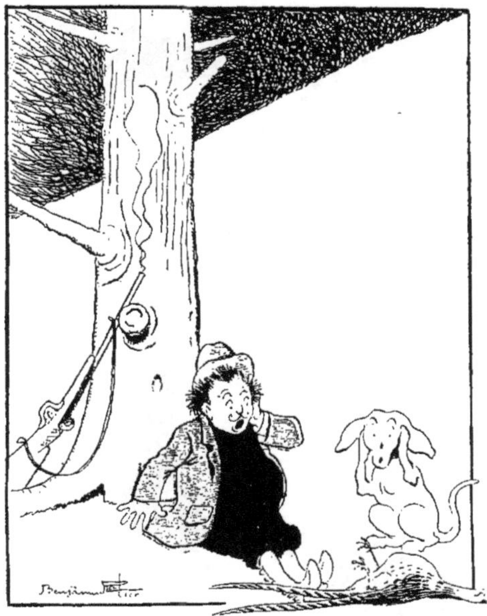

4. — Le chasseur se réveille juste pour voir tomber
l'oiseau à ses pieds. C'est donc vrai que la fortune
vient en dormant, pense-t-il !

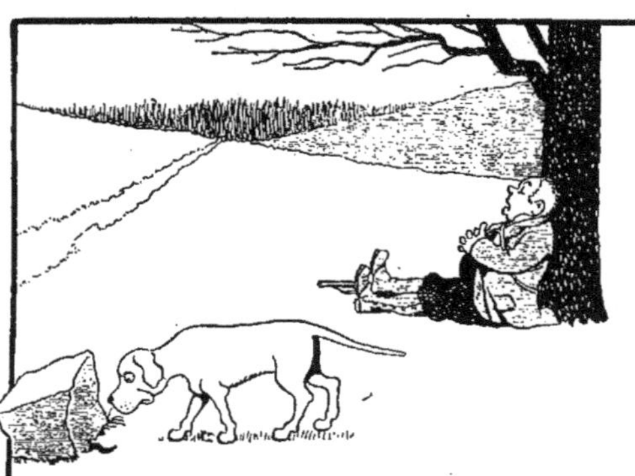

1. — Tom, qui a la funeste habitude de fourrer son nez partout...

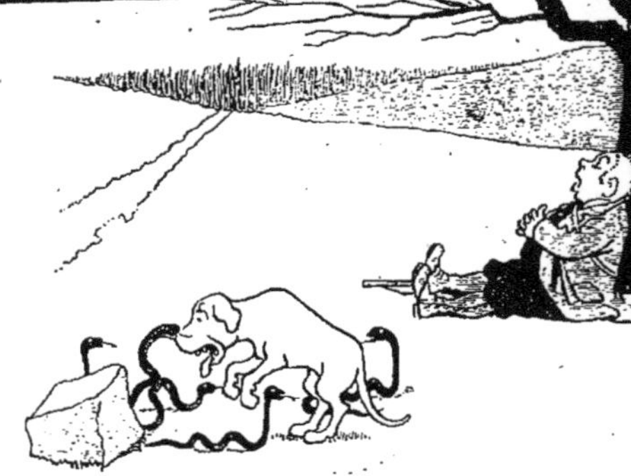

2. — Vient de dénicher un nid de vipères grises...

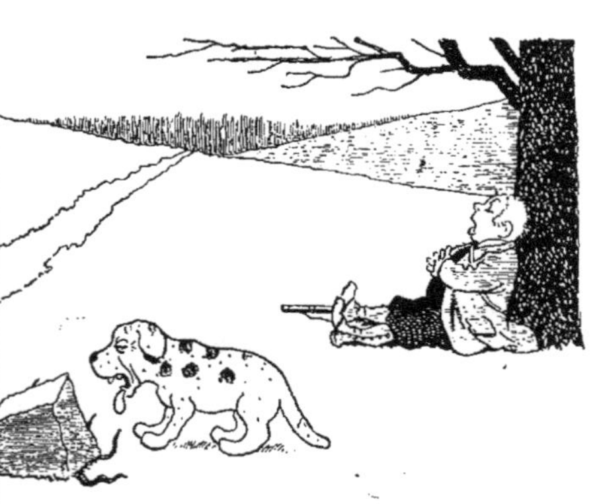

3. — Les effets de la morsure de ce reptile sont foudroyants : le corps enfle démesurément, la peau se couvre de taches noirâtres.

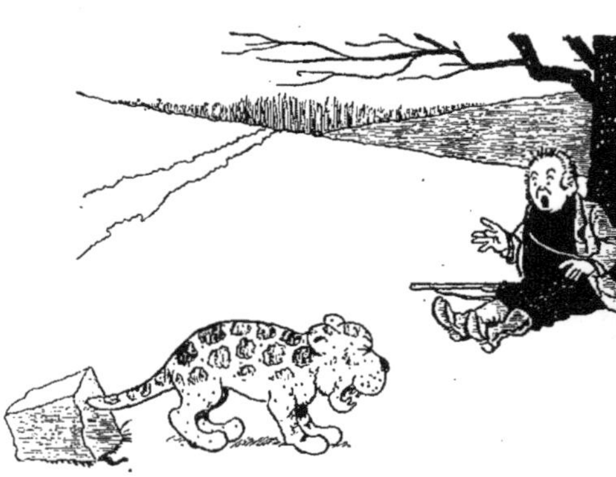

4. — Que vois-je ? Un léopard dans le bois de Meudon ! s'écrie le chasseur ; ce fauve vient certainement de dévorer mon bon Tom !...

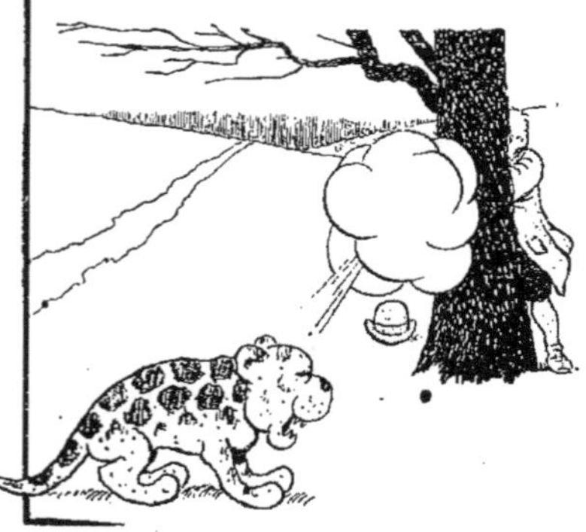

5. — Attends un peu, vilaine bête, je vais t'apprendre à manger du chien !

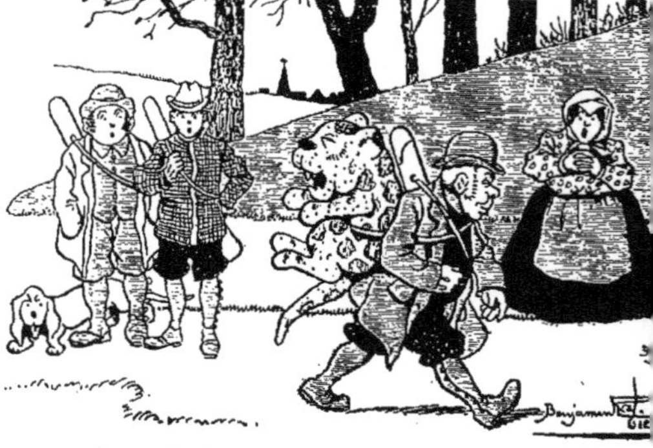

6. — Quelle bonne descente de lit je vais pouvoir offrir à ma femme pour sa fête !...

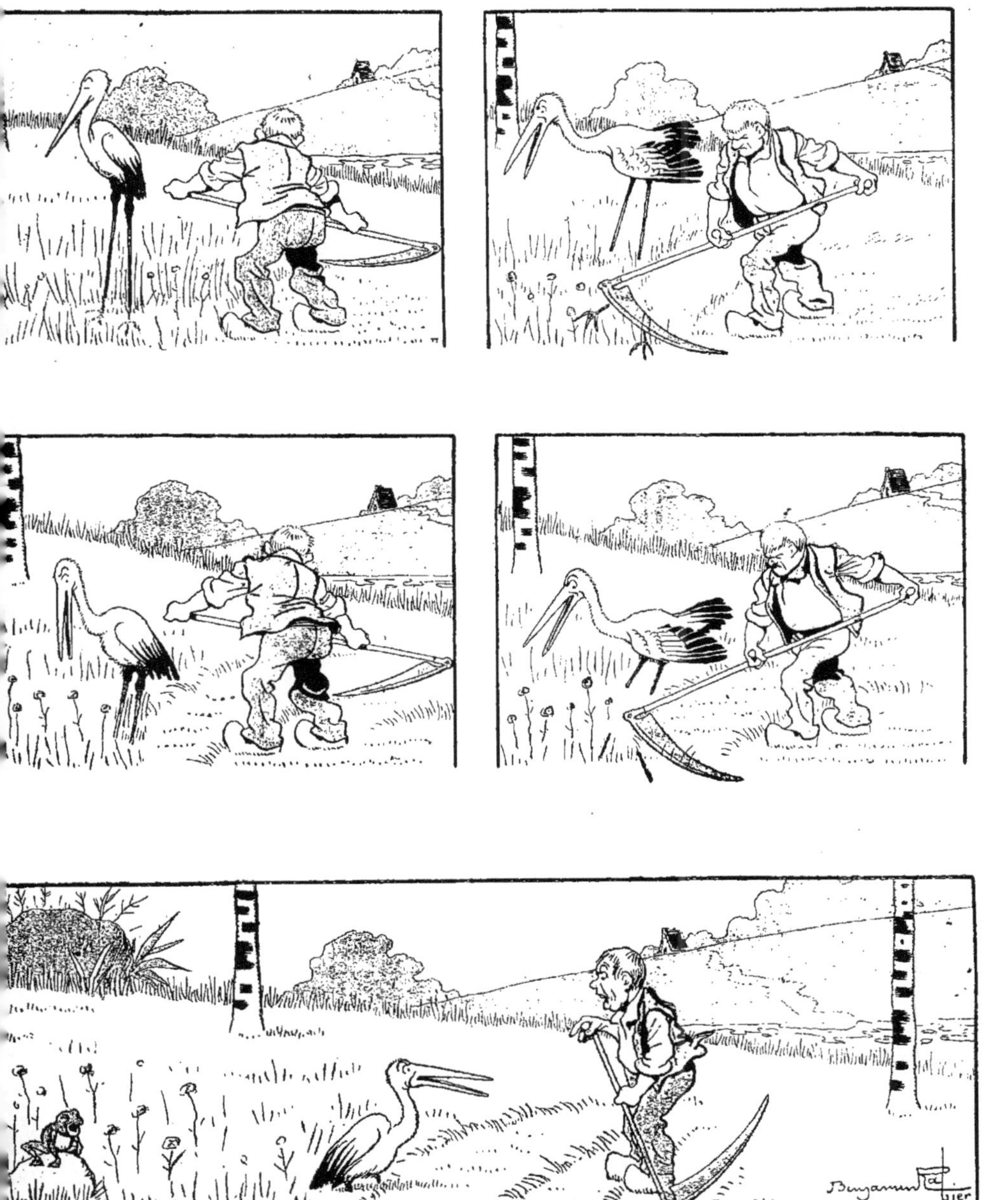

LE HÉRON. — Quand vous aurez fini de me couper l'herbe sur le pied !!!

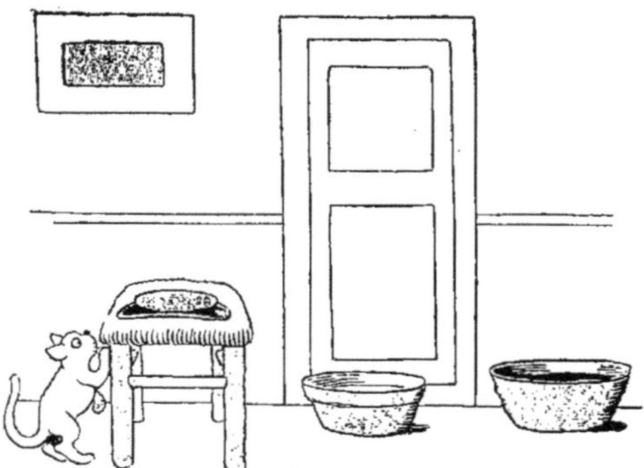

1. — Grimpons...

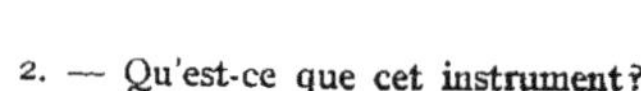

2. — Qu'est-ce que cet instrument?

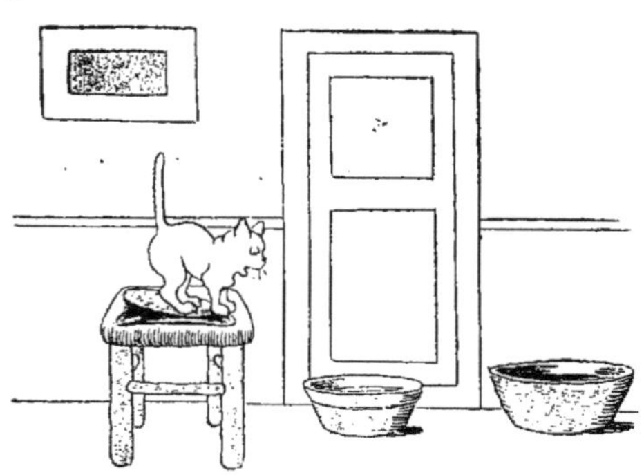

3. — Tiens!... Une jatte de lait.

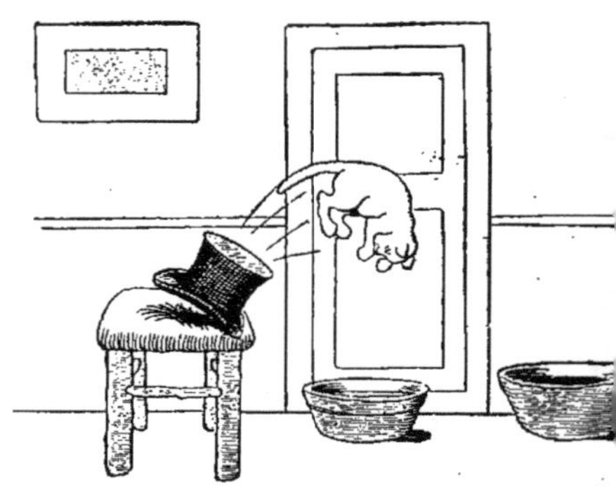

4. — Où vais-je?

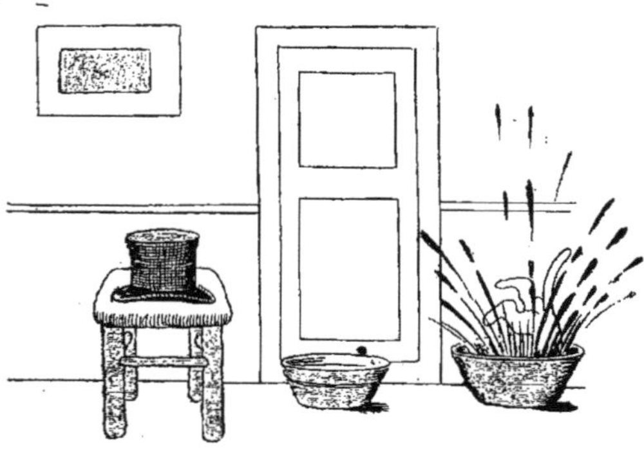

5. — Dans le cirage...

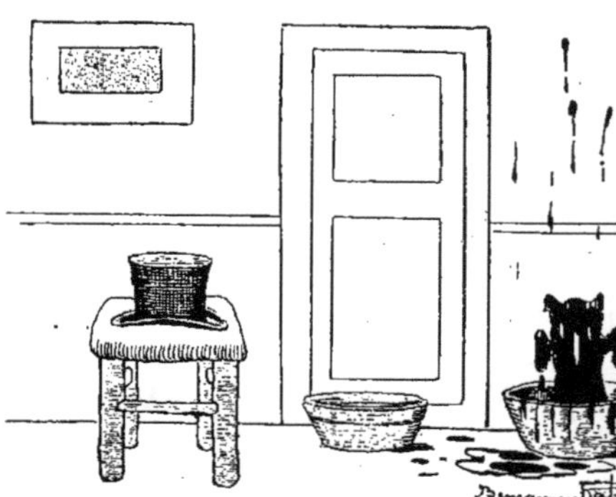

6. — Je vois tout en noir aujourd'hui!

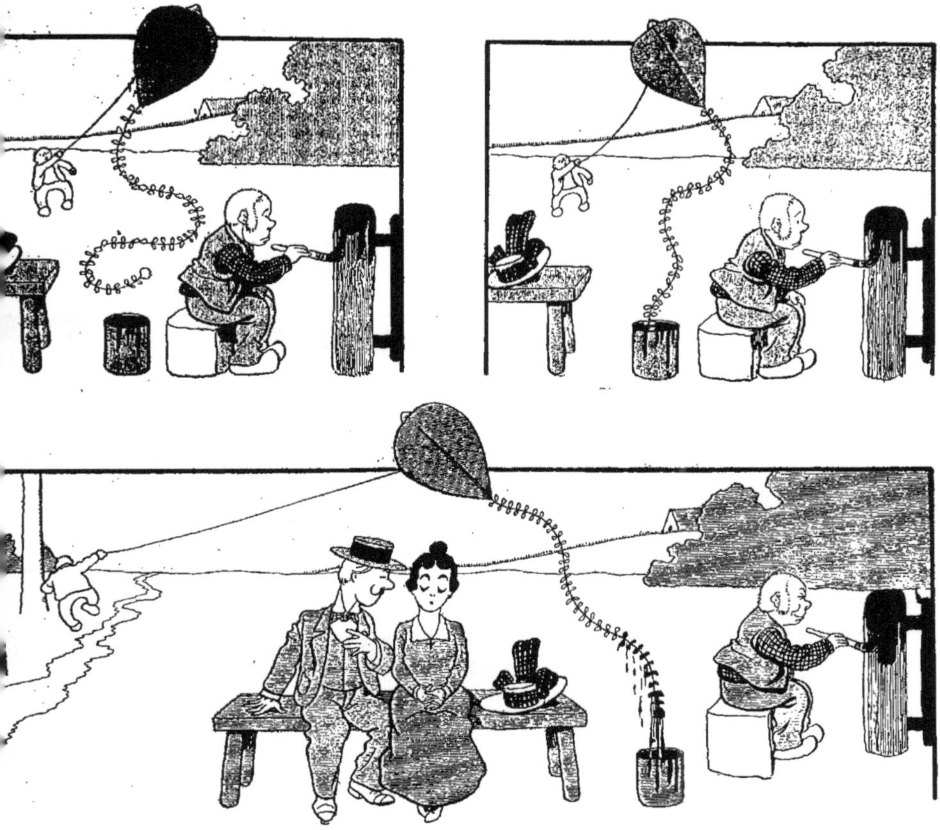

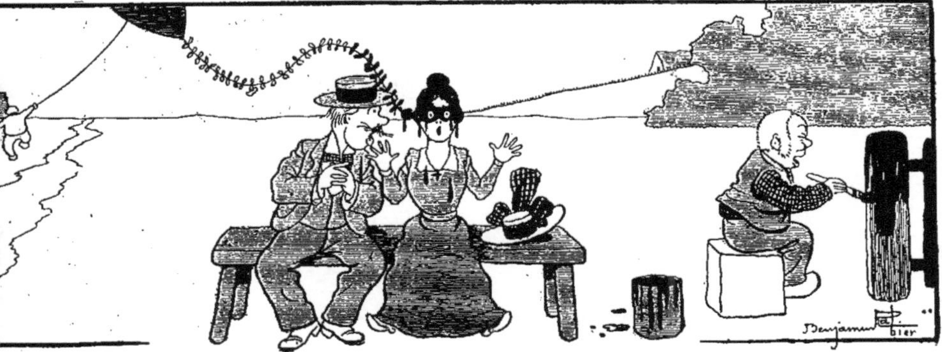

ADOLPHE. — Ce que j'aime par-dessus tout, Mélanie, ce sont vos beaux yeux si noirs.
MÉLANIE. — Vous exagérez, Adolphe...

— ADOLPHE. — Je vous assure que je n'exagère pas !!!

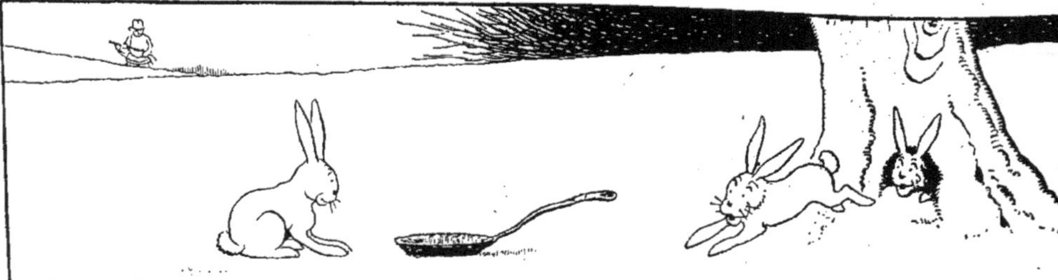

1. — Tiens... une vieille poêle !...

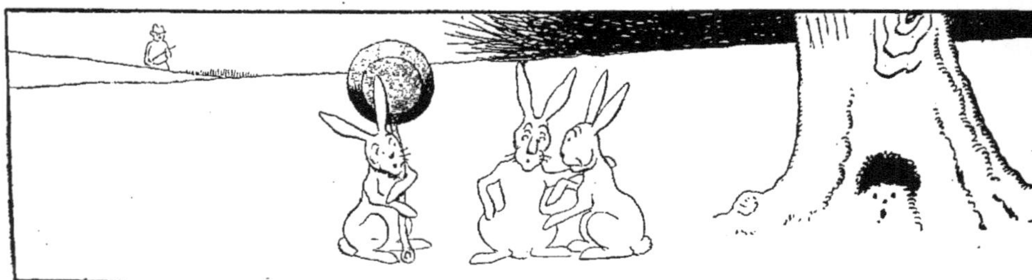

2. — Je vous parie que je change instantanément cette poêle en écumoire...

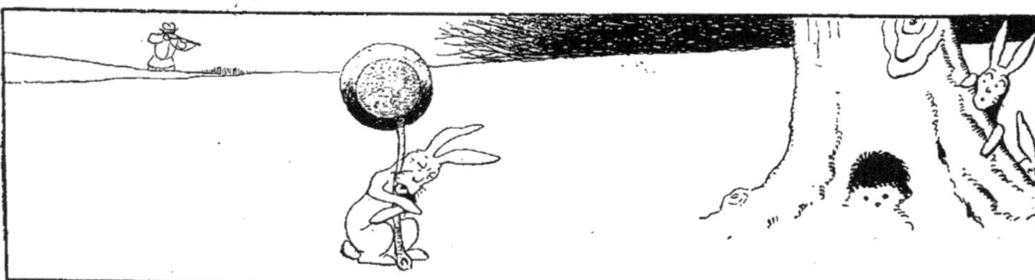

3. — En attendant, garez-vous, voilà un chasseur... Je commence... une... deux...

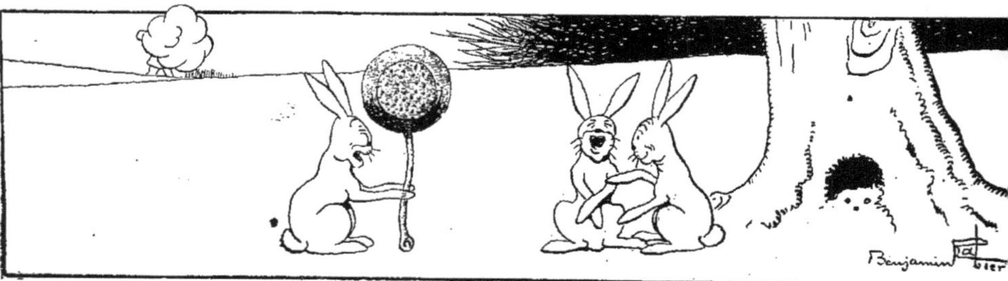


4. — Trois !!!

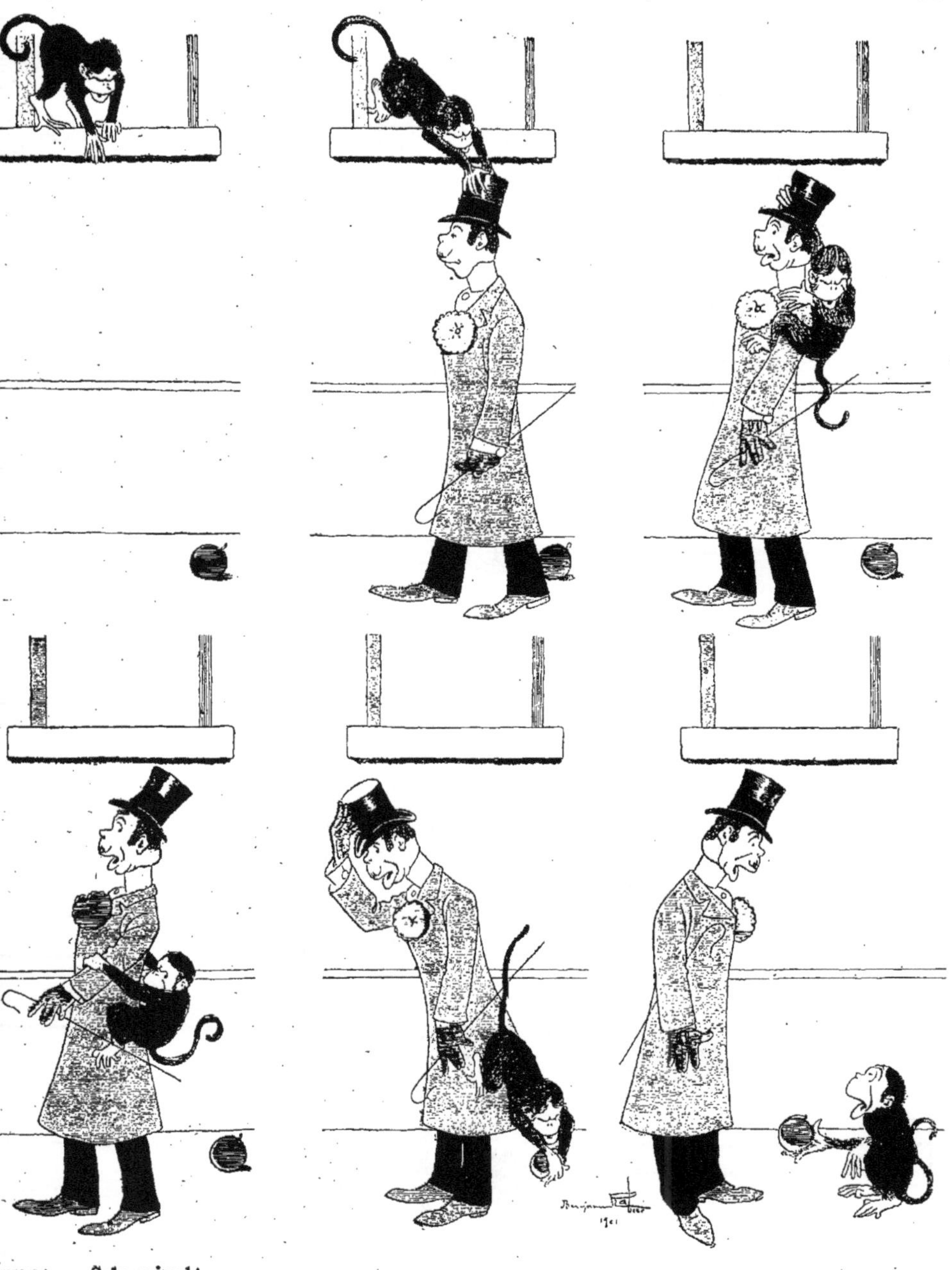

HOMME. — Sale animal !

SINGE. — De quoi... j' peux pas descendre une fois de l'homme... Il y a assez longtemps que l'homme descend
nge !

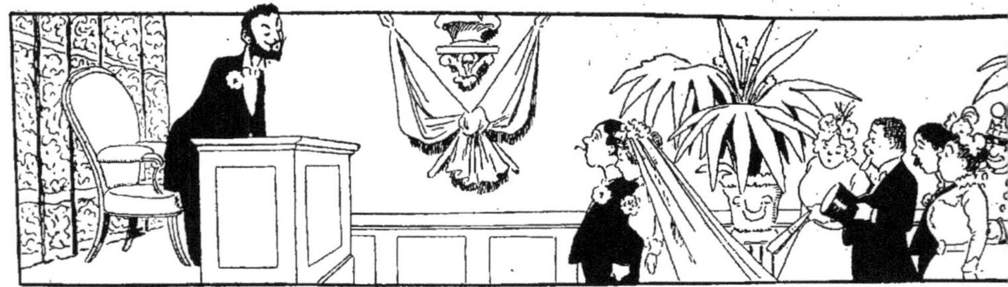

1. — M. LE MAIRE. — La femme doit suivre son mari partout, etc...

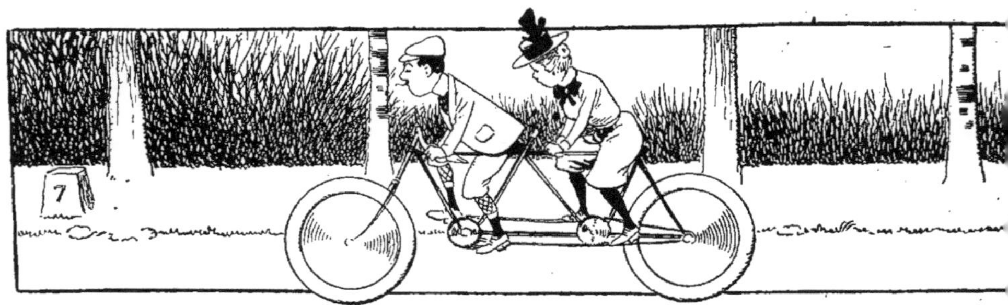

2. — LE MARI. — Tu viens, Mélanie?...
LA FEMME. — Je te suis, Ernest!...

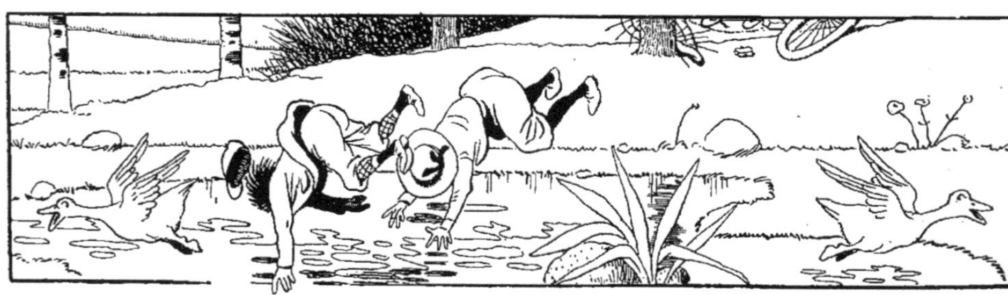

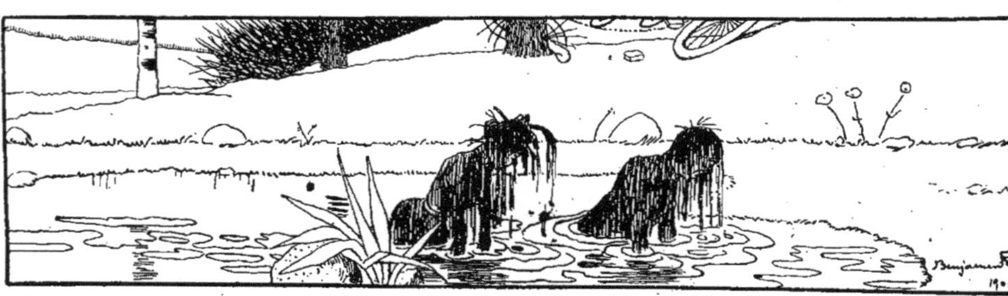

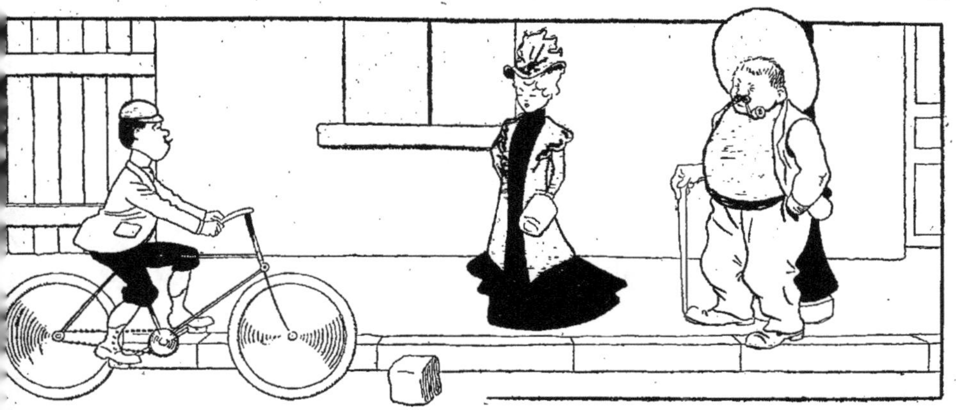

— Le jeune Gontran, dont les regards sont concentrés sur la silhouette d'une distinguée promeneuse, n'aperçoit pas devant lui le pavé fatal aux cyclistes.

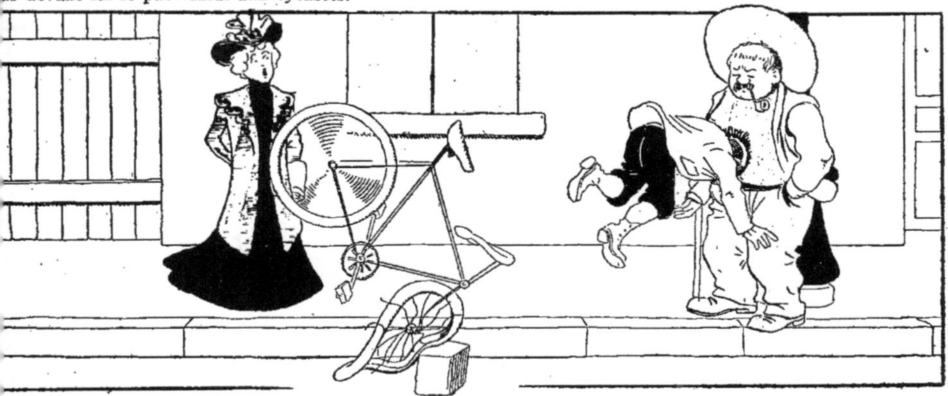

— La bicyclette s'arrête, mais Gontran continue. Il est heureusement arrêté en chemin par la présence d'un majestueux fort de la halle.

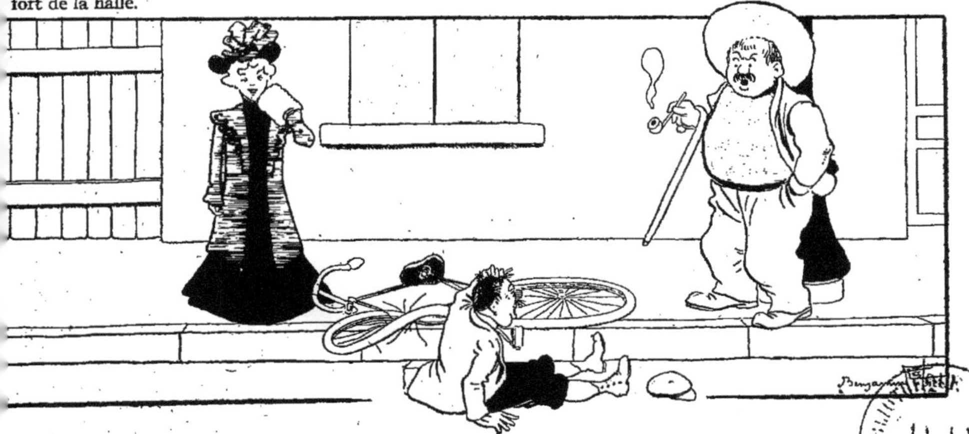

— LE FORT DE LA HALLE. — Qu'est-ce qui t'a permis de me taper sur le ventre, imbécile !... tu sauras que je n'aime pas ce genre de familiarité !...

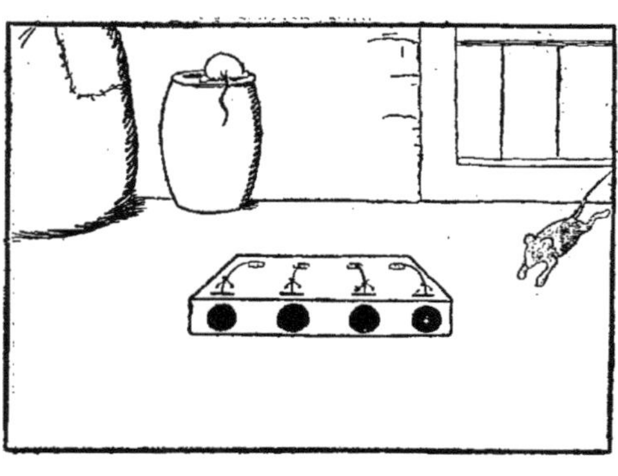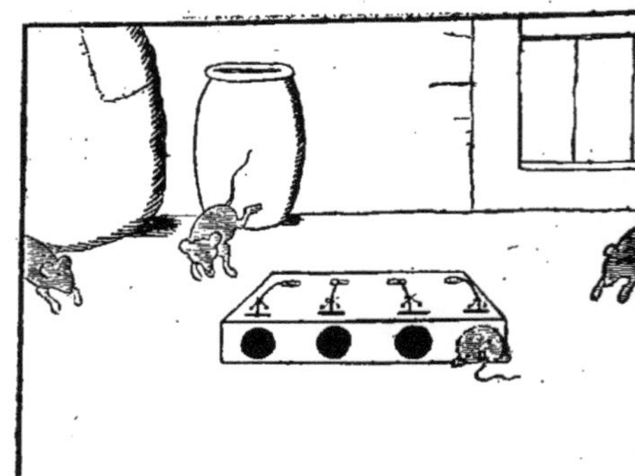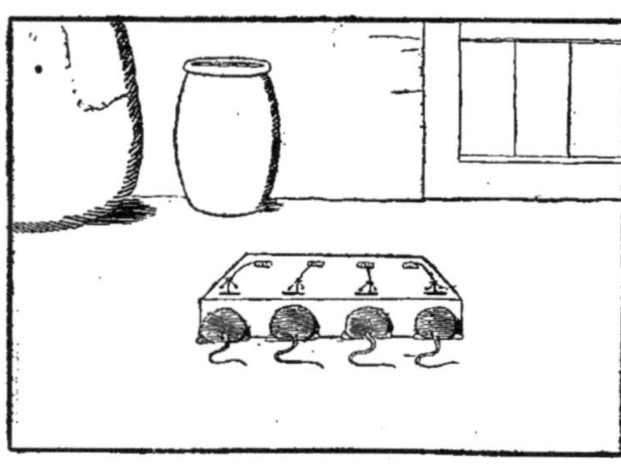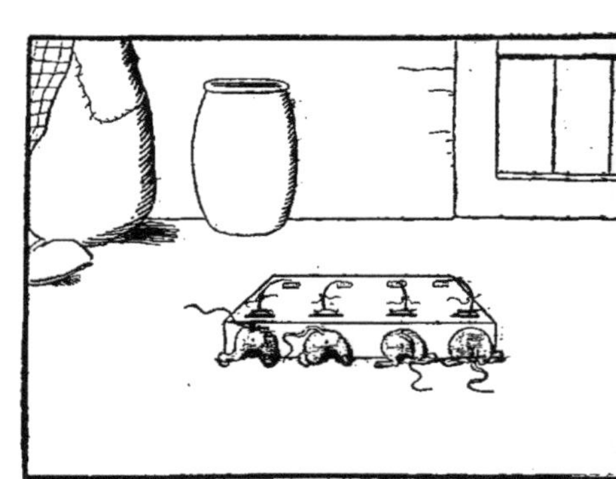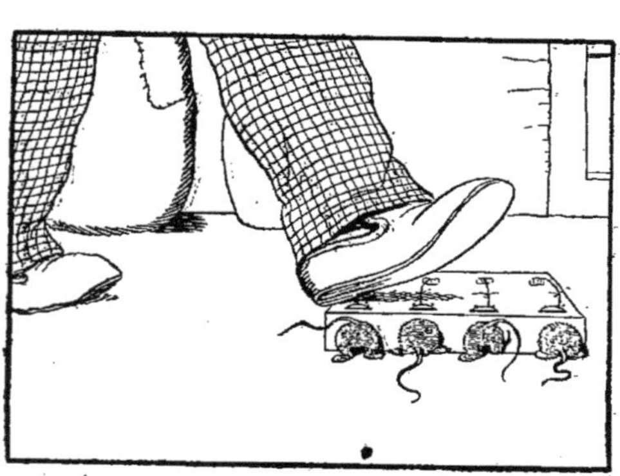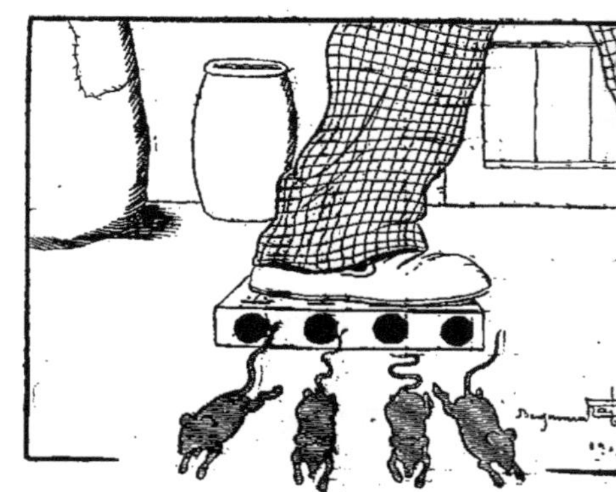

La souricière est installée... Une souris, deux... trois... quatre... C'est si bon le lard... Couic !... L'escarpin sauveu[r]... Guéries du péché de gourmandise.

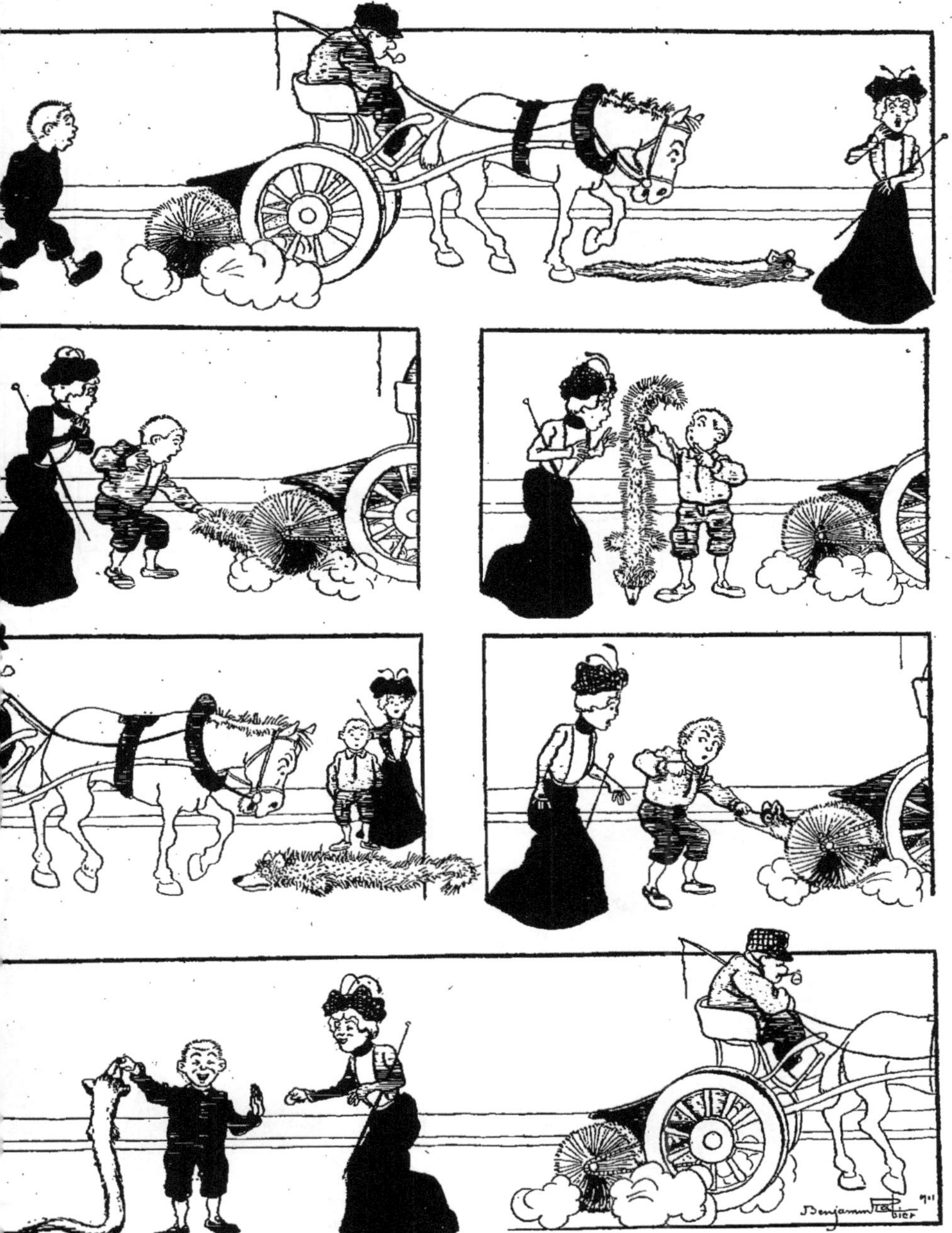

— Merci, madame, trop heureux de vous être agréable...

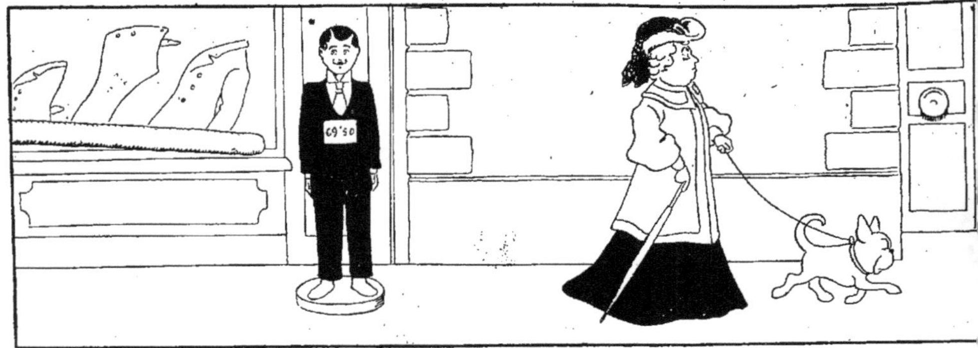


1. — Madame la comtesse des Pins promène Mirza, sa chienne bien-aimée.

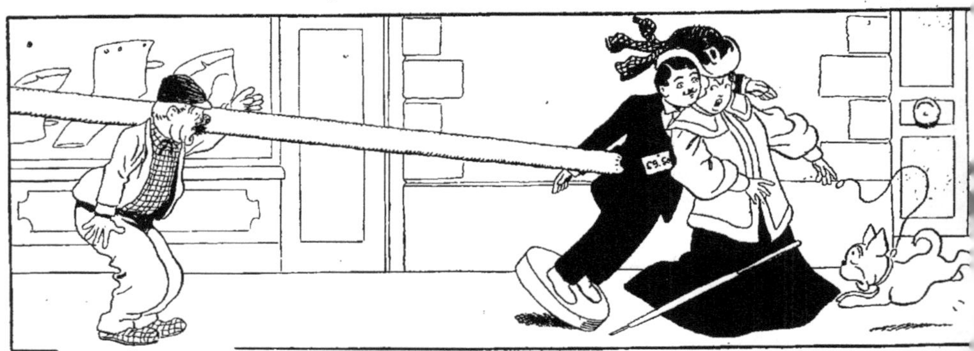


2. — Arrive sur les pas de madame la comtesse, un charpentier distrait porteur d'une poutre, qui, mal dirigée, frapper dans le dos le mannequin d'un marchand de confections.

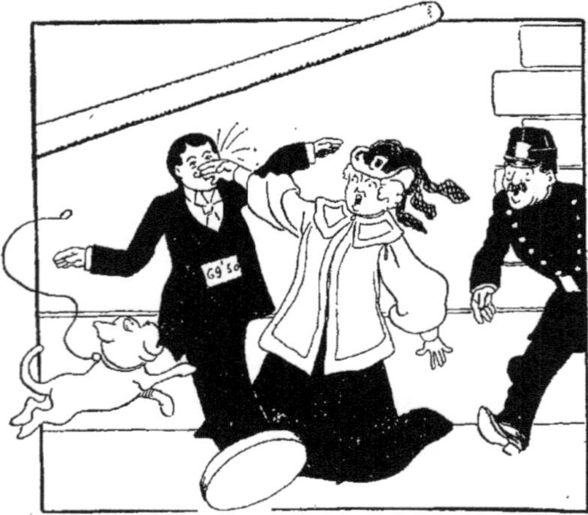


3. — Le mannequin projeté en avant tombe sur la comtesse qui se retourne outrée qu'un passant ose porter la main sur elle. Elle applique un magistral revers de main sur la figure du trop entreprenant mannequin.

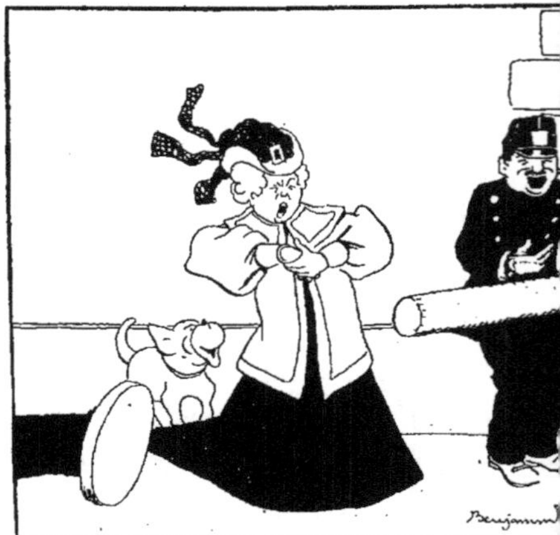

4. — Malheureusement pour la main potelée de la comtesse, la tête du mannequin est en bois. La pauvre femme pousse un cri de douleur pendant que le mannequin, perdant l'équilibre, tombe à la renverse sur le trottoir.

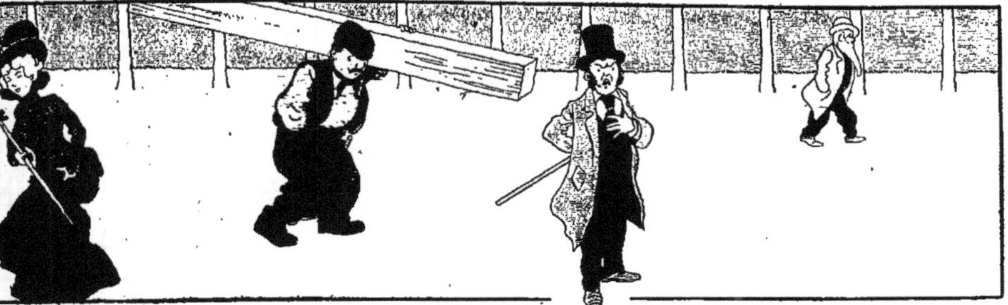

— Cristi ! que je suis mal à l'aise... J'ai un point dans le dos qui m'empêche de respirer...

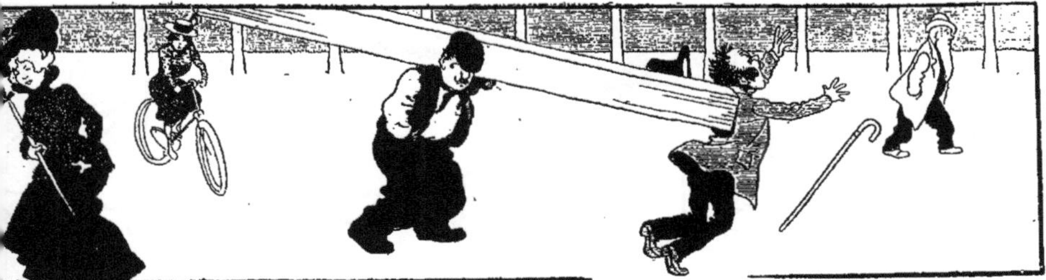

— V'lan !... Juste à l'endroit où mon point me fait souffrir.

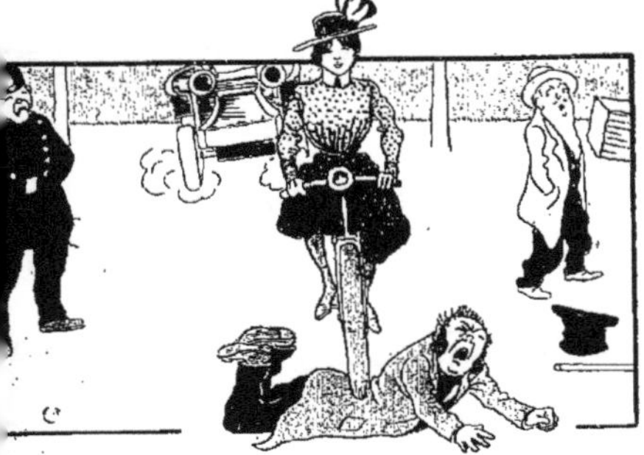

— Aïe ! Aïe ! Aïe ! Pour une femme légère elle a
...ids !...

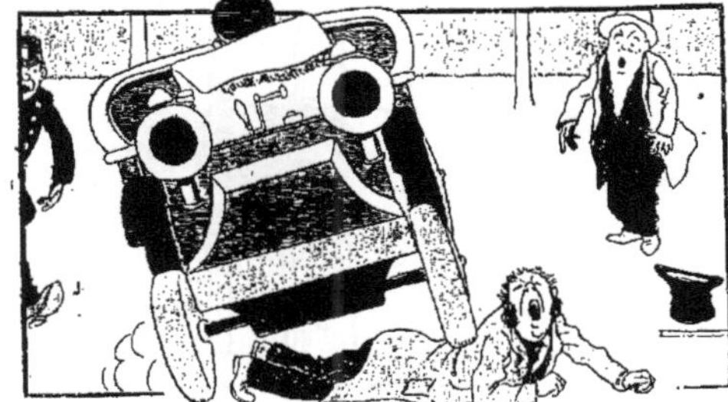

4. — Ouf !... Je suis mort !...

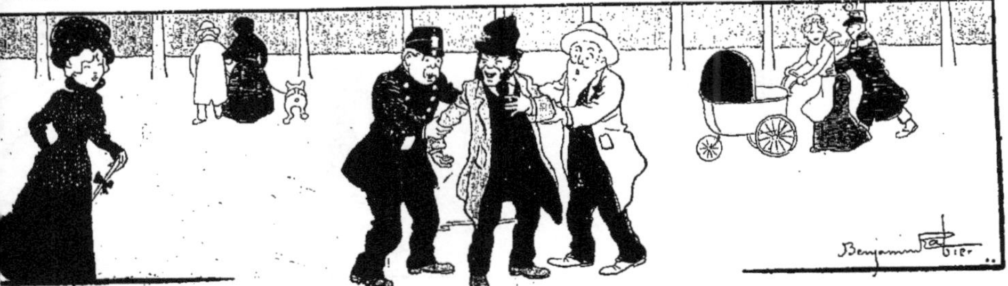

— Pas du tout... Ça va même mieux... mon point est passé !

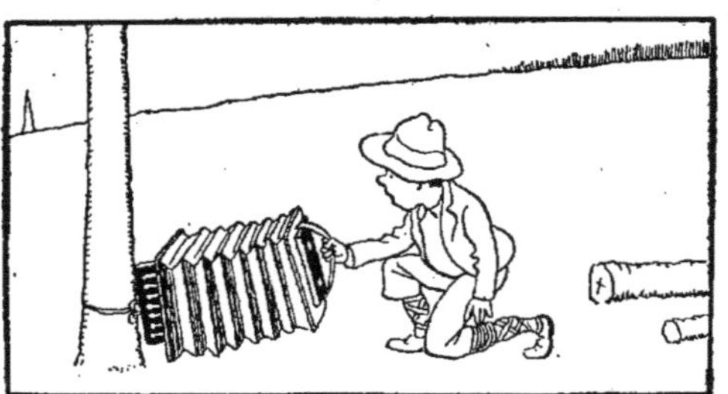

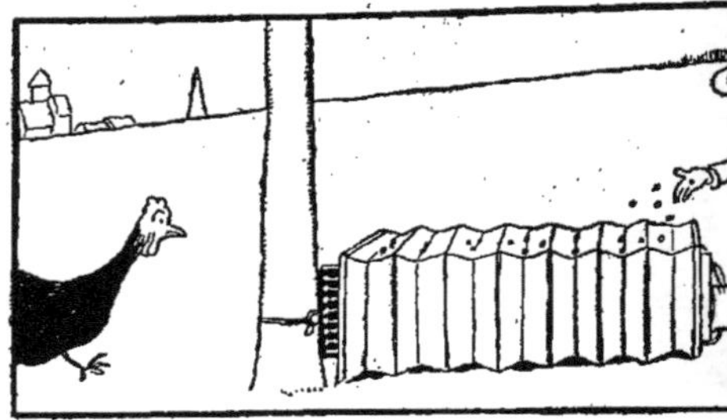

1. — J'ai inventé un truc épatant pour prendre les poules.

2. — J'allonge mon accordéon. Je sème dans les quelques grains de blé.

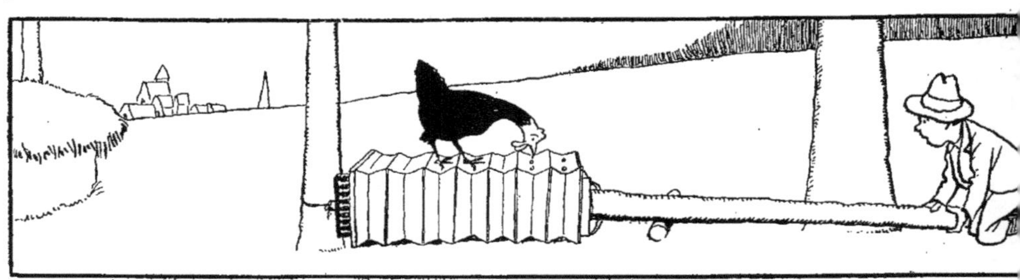

3. — Et j'attends qu'une poule attirée par le grain...

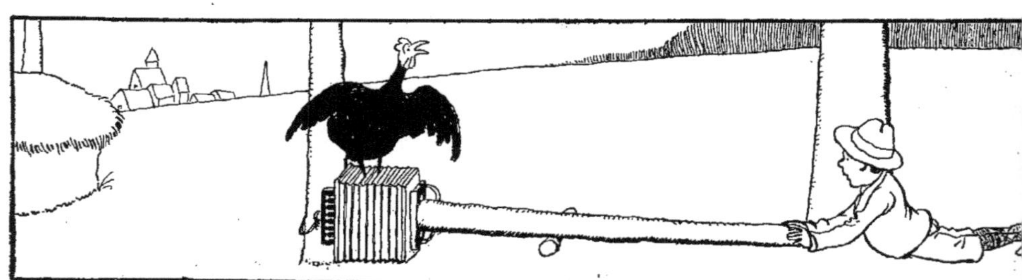

4. — Se fasse prendre.

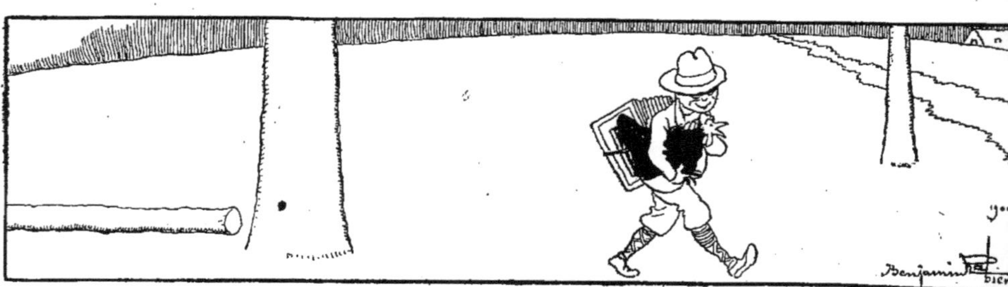


5. — Viens, poupoule, viens !

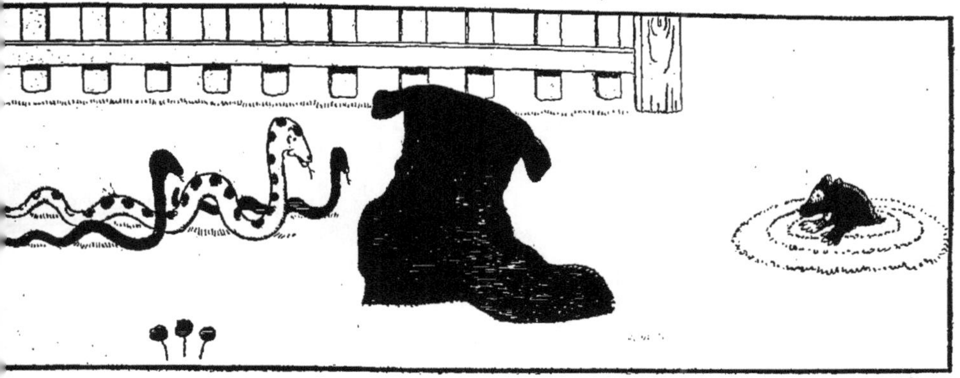

**I.** — Les petits serpents. — Qu'est-ce que c'est qu'ça!...
La maman. — C'est un engin de destruction!...

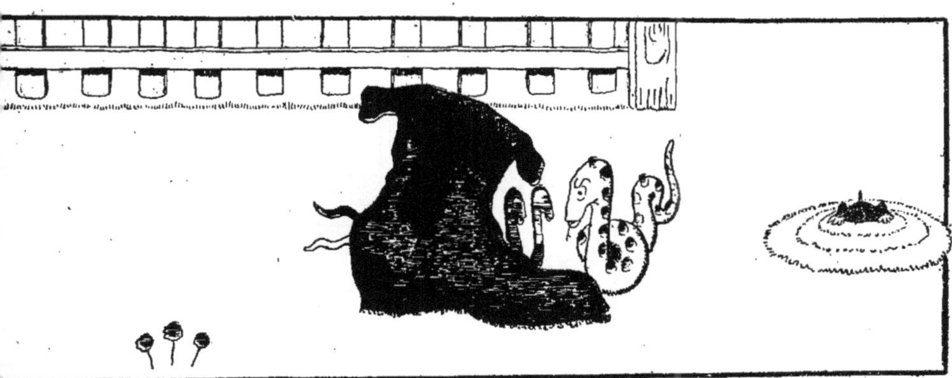

**2.** — L'avant sert à projeter au loin les mulots et les taupes...

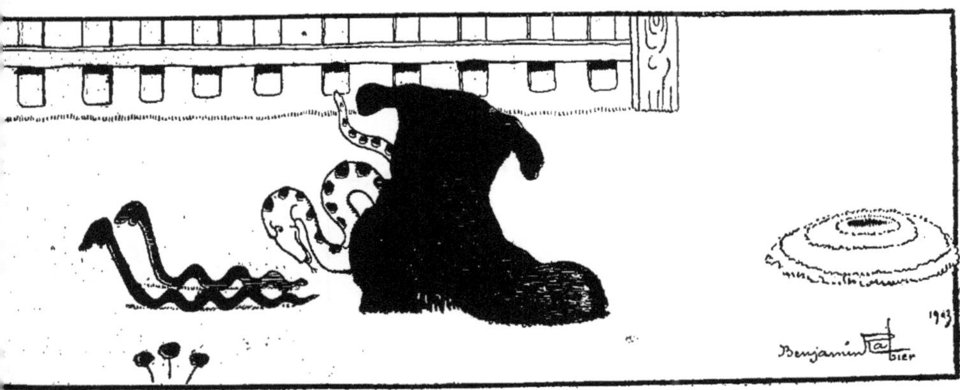



**3.** — L'arrière à écraser la tête des serpents!!!

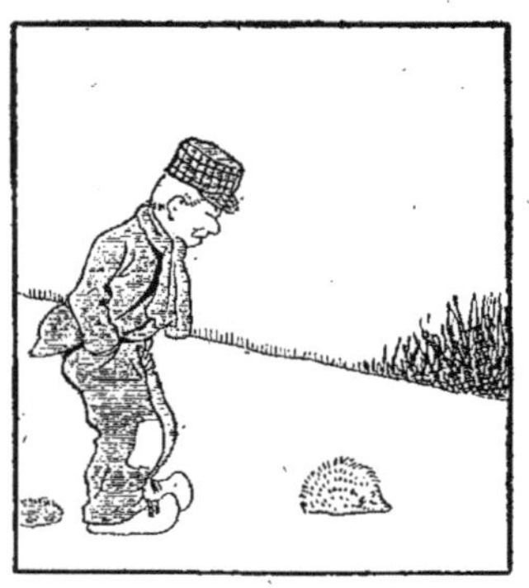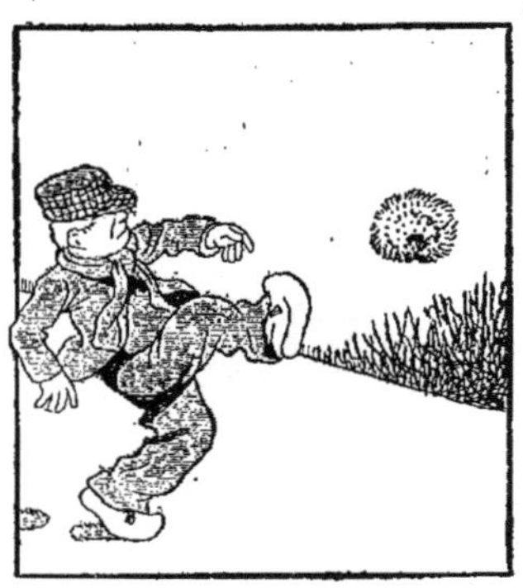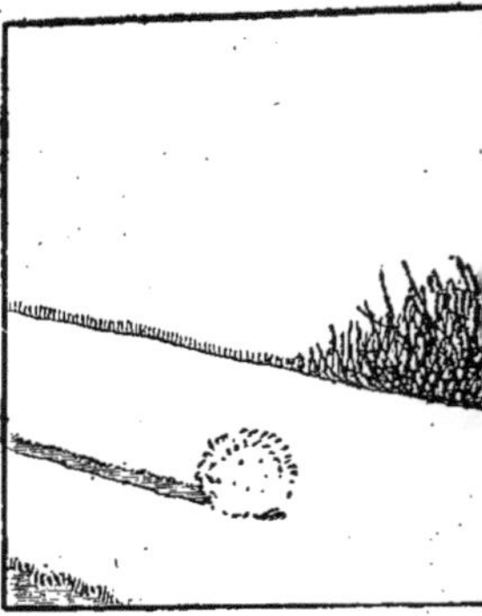

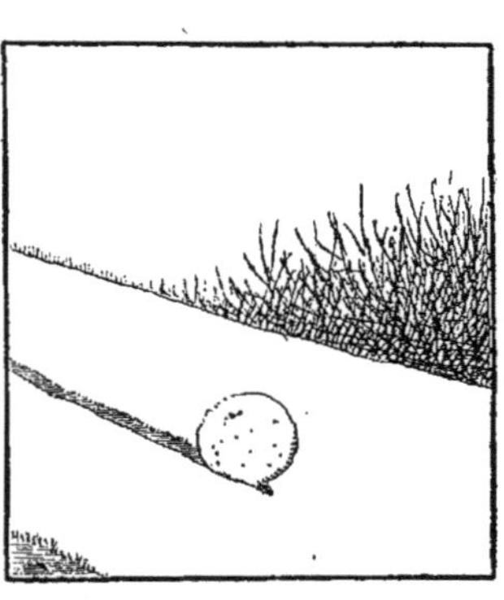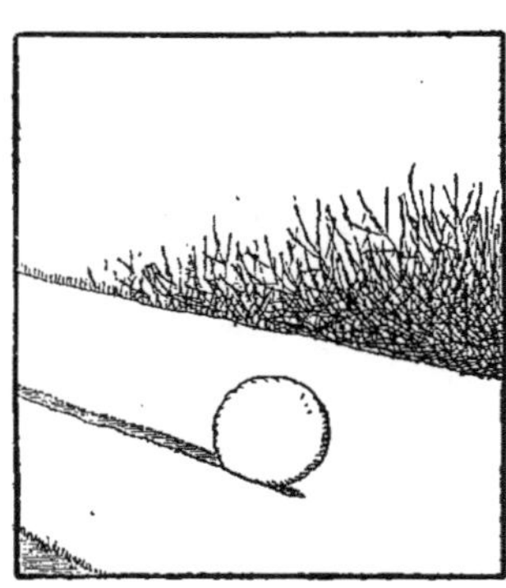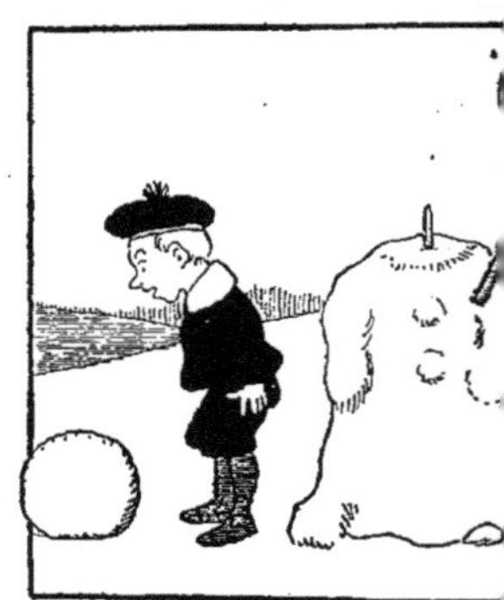

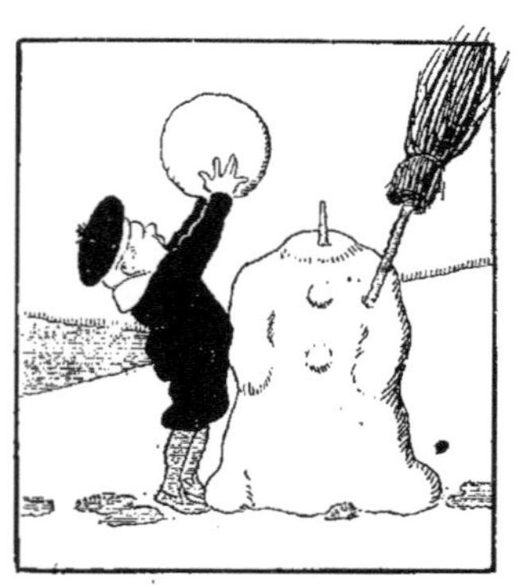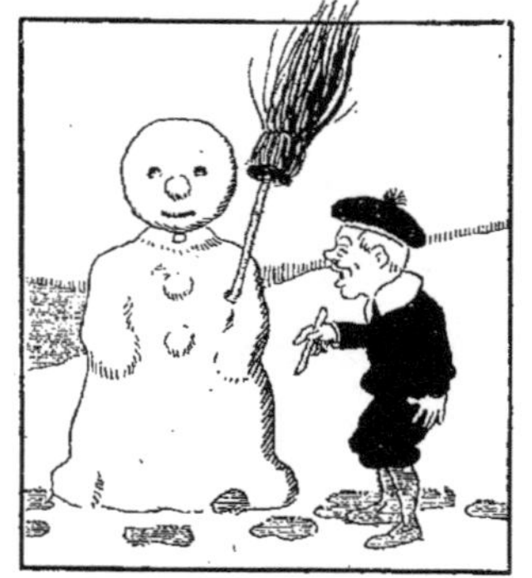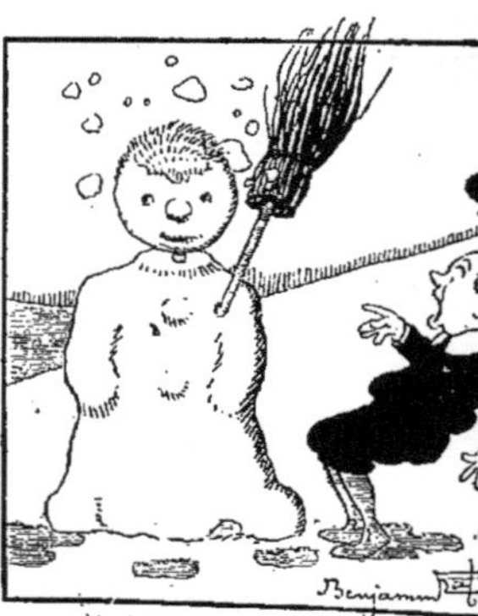

1. — Épatant, mon bonhomme...    2. — Il ne lui manque que des cheveux !    3. — !!!

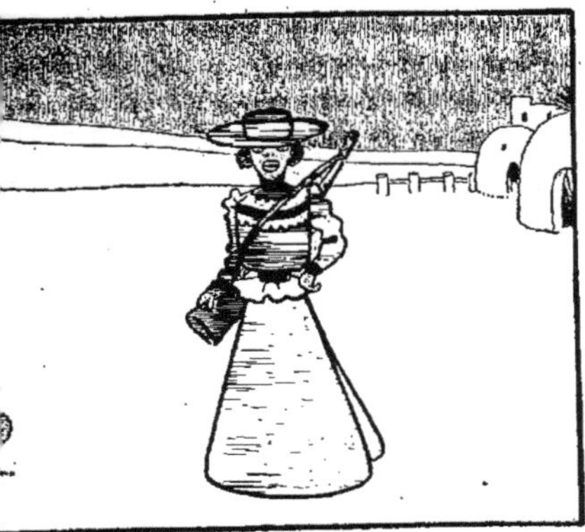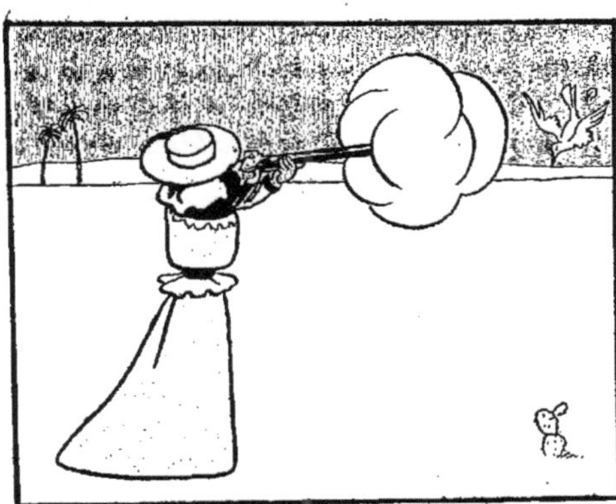

— Mademoiselle Irma, modiste à Fashoda, part à la recherche des fournitures nécessaires à la confection de la
re création de la saison...

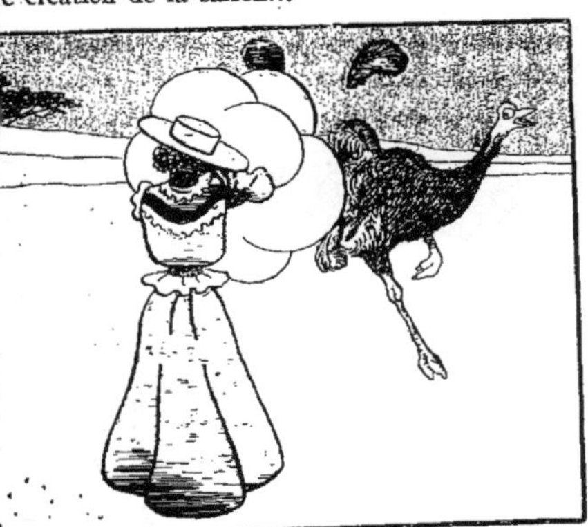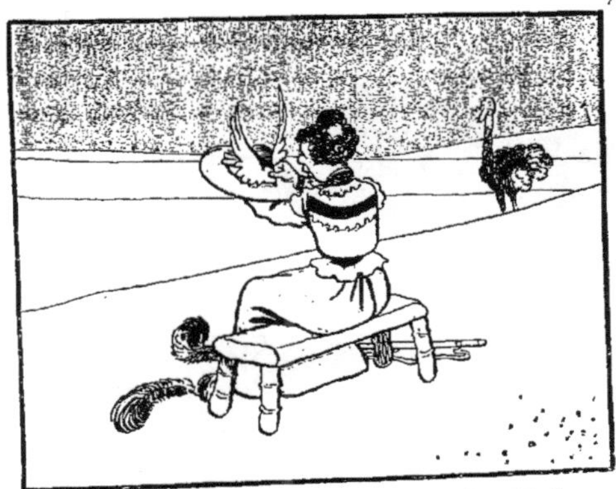

— Comme vous avez pu en juger, les garnitures de mode sont pour rien dans la Haute-Egypte; il suffit de pou-
se les procurer...

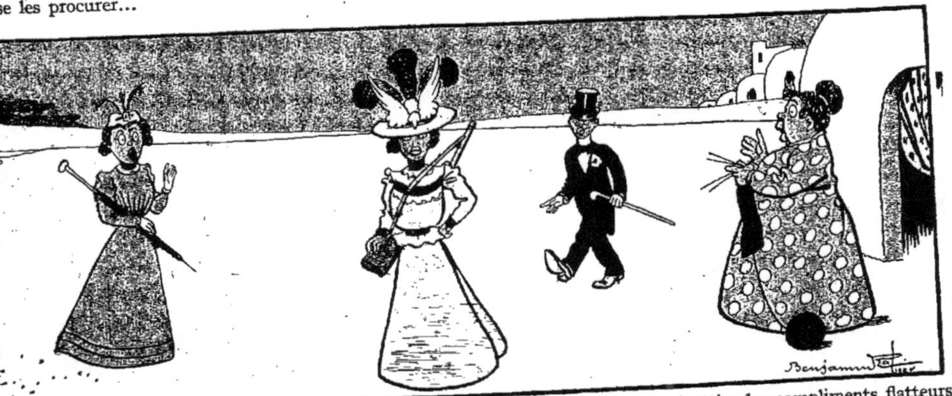

— La dernière création de mademoiselle Irma fit sensation dans le pays et lui attira les compliments flatteurs
messieurs et la jalousie féroce des dames. Et voilà...

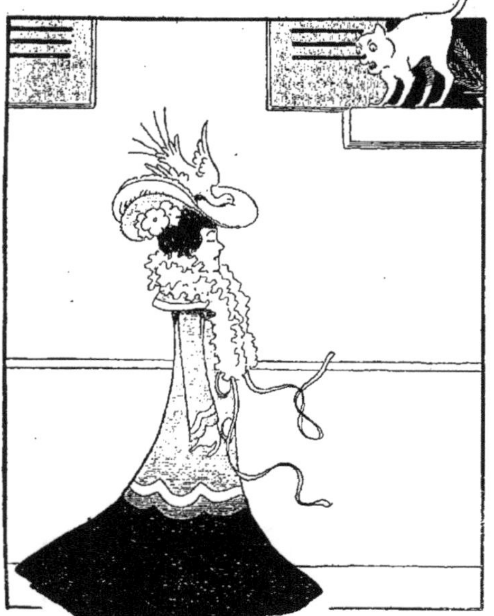

1. — Le chat. — Sapristi !... Le beau pigeon.

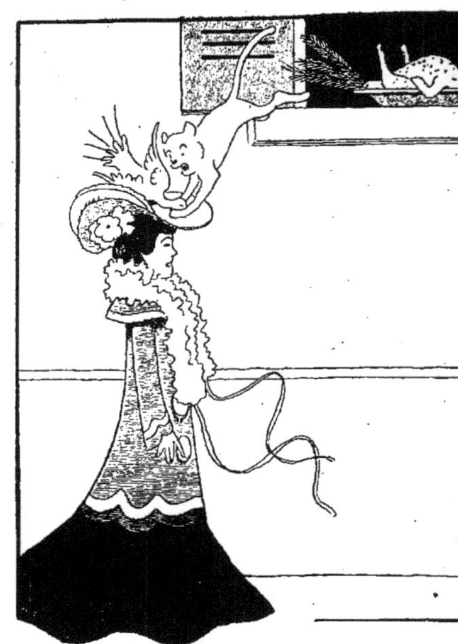

2. — Le chat. — J'adore ces oiseaux-là.

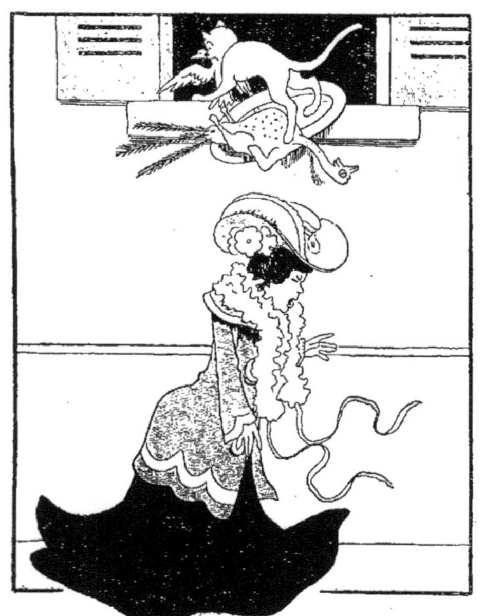

3. — Le chat. — C'est tendre et d'un goût exquis à la fois.

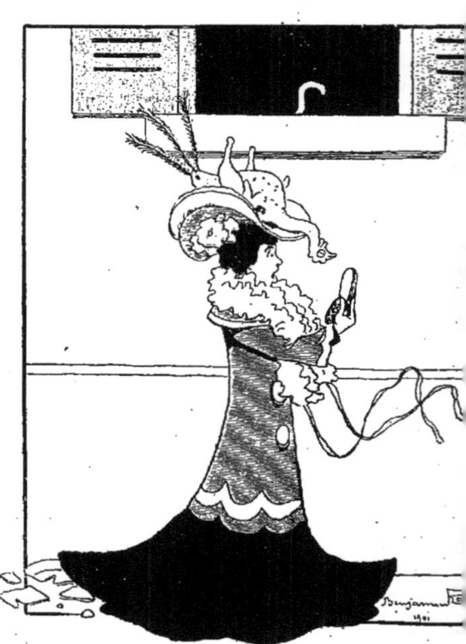

4. — La dame. — Ciel !... mon pigeon qui s'est ch[angé] en poulet !

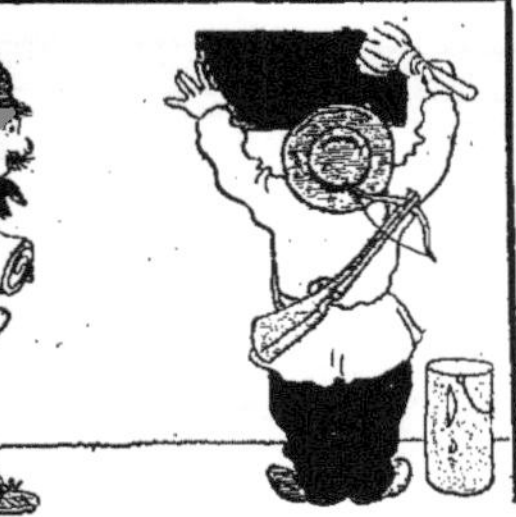

— Je vais t'en donner, moi, du...
t.

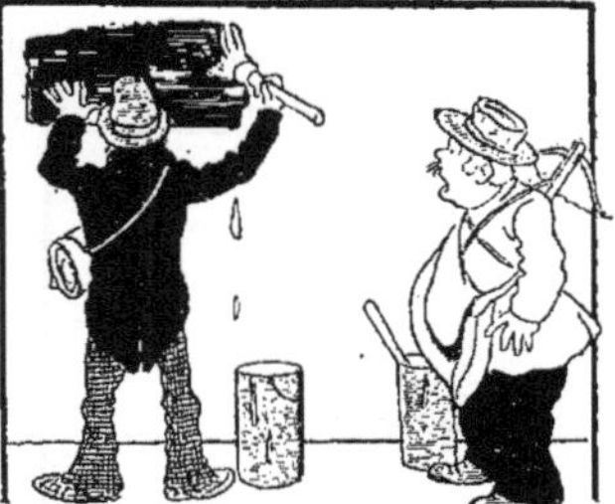

2. — Voilà un Canard qui n'est pas dans une musette.

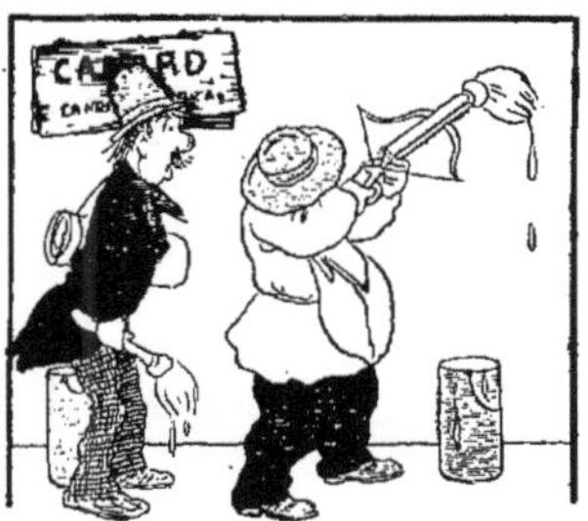


3. — Ouvre l'œil... le colleur de Canard.

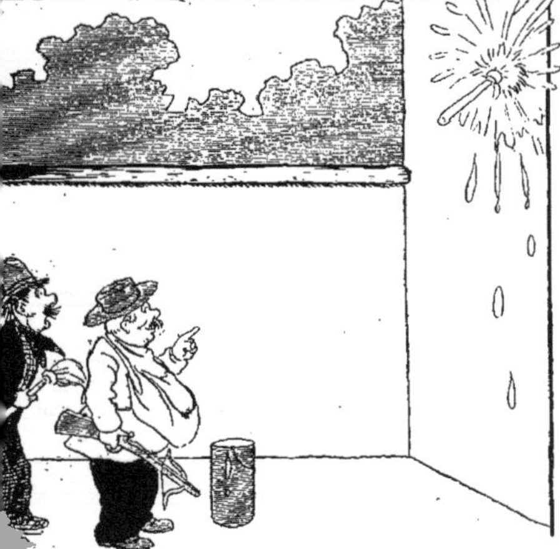

— Et suis bien mon raisonnement et mon pinceau
le !

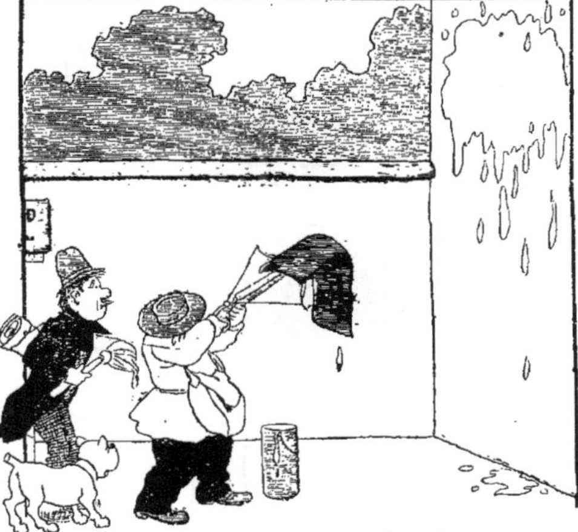

5. — Ça n'est pas tout... l'opération n'est pas encore terminée.

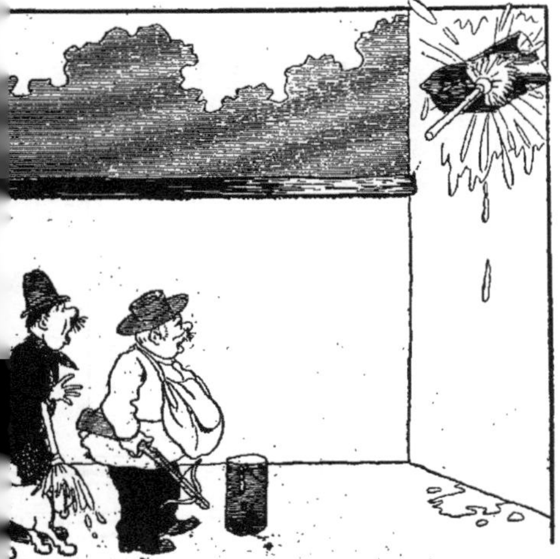

— V'lan !... Je suis plus fort au tir à arbalète que
Guillaume Tell.

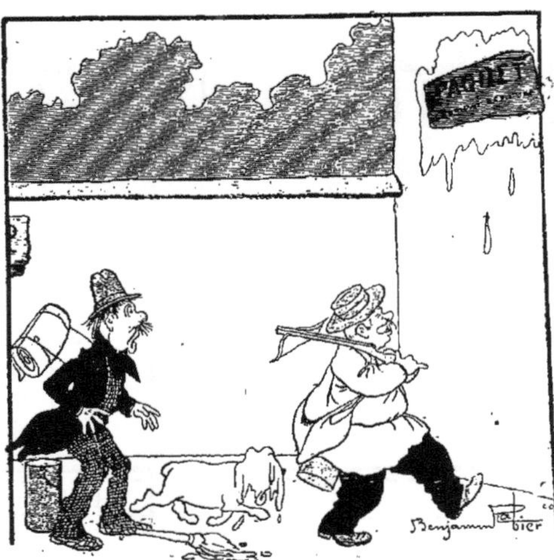


7. — Recouvre ça, mon vieux, si tu peux !...

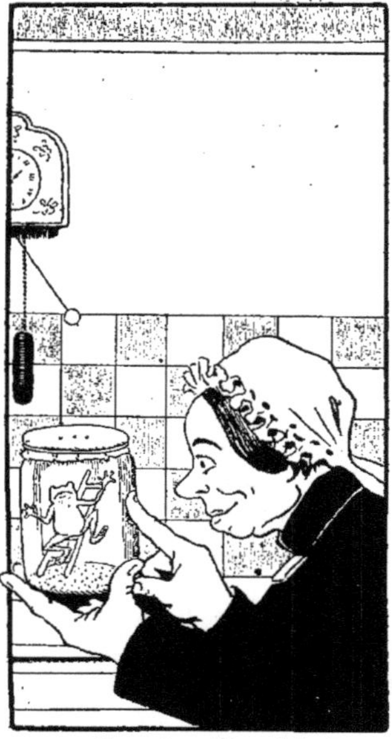

1. — Je crois qu'il va faire beau temps, ma grenouille remonte.

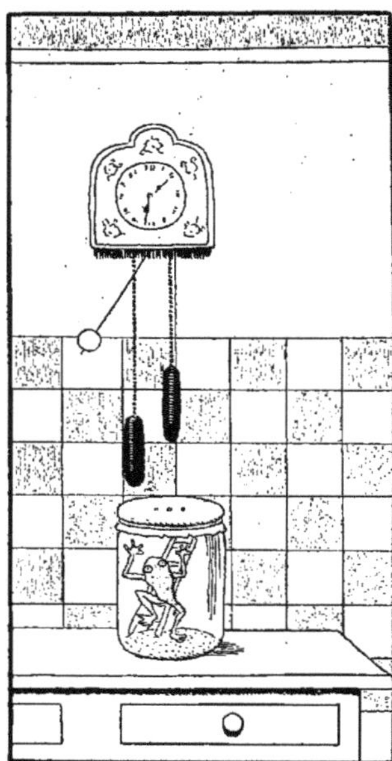

2. — Tic ! tac ! tic ! tac ! C'est le coucou qui marche. Le gros poids en fonte descend.

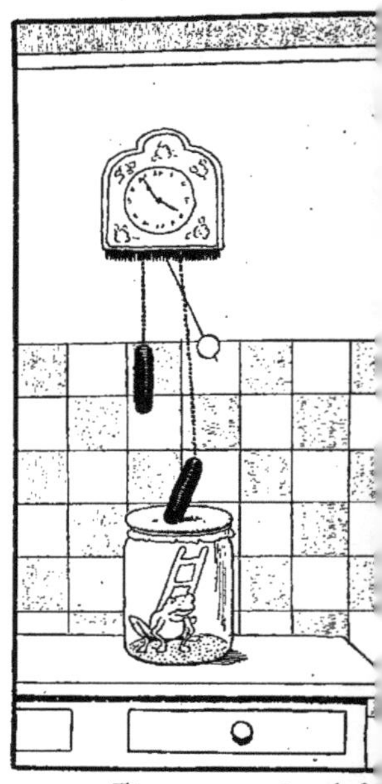

3. — Et va se reposer sur la fr[...] enveloppe en papier du bocal de [...] grenouille.

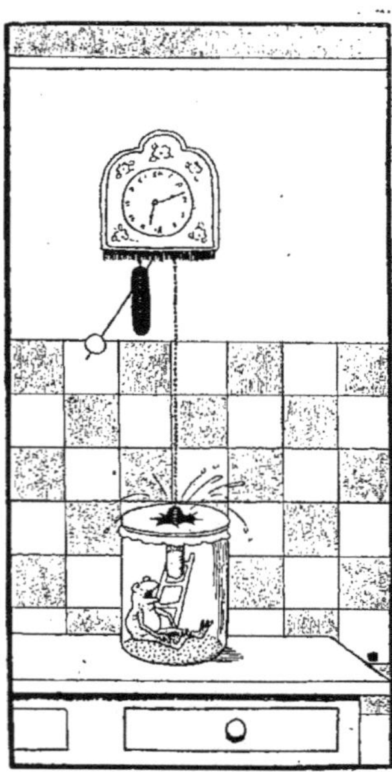

,4. — Crac ! le papier, sous le poids du rouleau de fonte, crève.

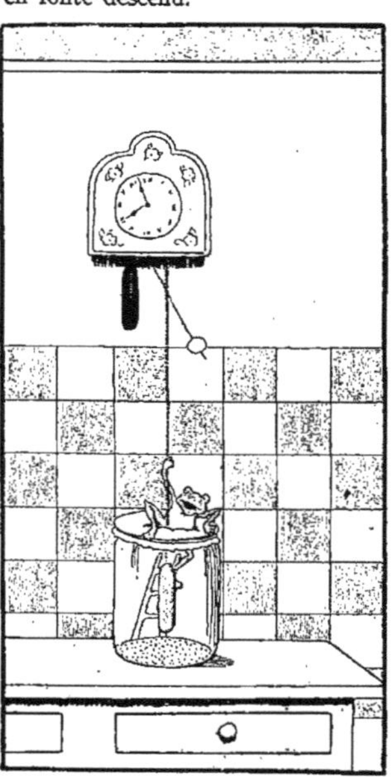

5. — La grenouille voit tout à coup sa prison ouverte. Vive la liberté, s'écrie-t-elle !

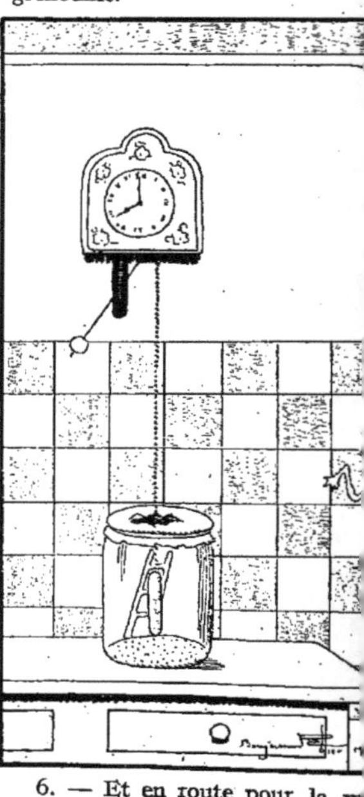

6. — Et en route pour la m[...] voisine.

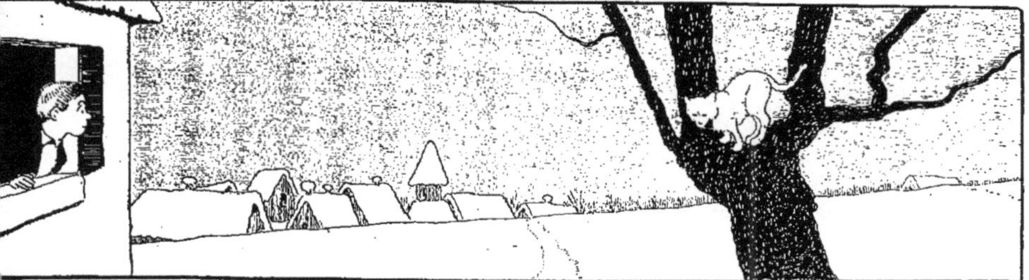

— Comment faire pour permettre à Minet de regagner son logis, car la porte d'entrée de la maison a été fermée
[à double] tour par les parents du jeune Maurice, partis en promenade.

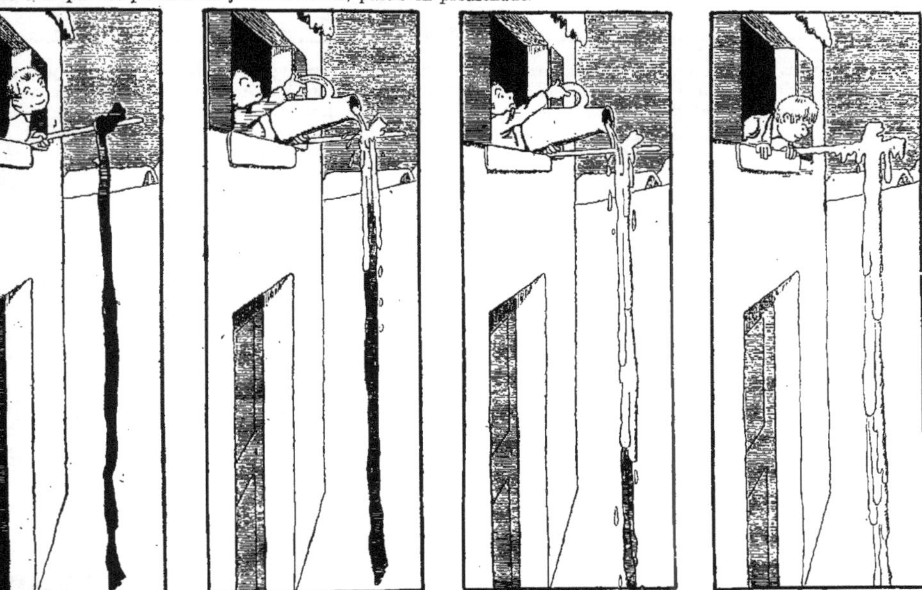

— Maurice a une idée, il prend un long cache-nez en coton hors d'usage, dont il attache une des extrémités à un
[clou] ; puis, saisissant un broc plein d'eau, il en répand le contenu sur le cache-nez. L'étoffe s'imprègne du liquide et
[comm]e il fait 10° au-dessous de zéro, gèle aussitôt. Bientôt, le lambeau de coton ne forme plus qu'un énorme et long
[glaçon].

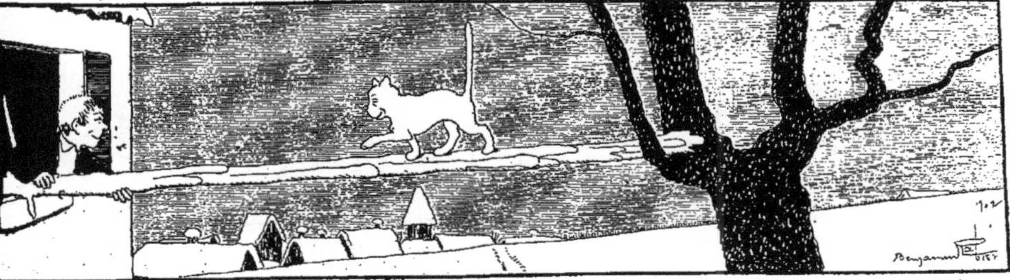

— L'une des extrémités du glaçon atteint l'arbre et s'y repose. Minet n'a plus qu'à traverser sur la passerelle impro-
[visée], la distance qui le sépare de son logis, qu'il est bien heureux de rejoindre par ce froid sibérien.

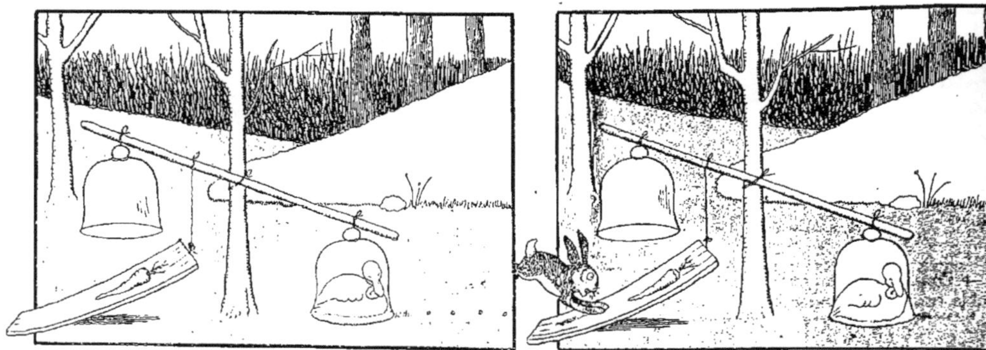

1. — Si vous vous réveillez un matin, à la campagne, avec l'envie de manger du lapin de **garenne, je vais** enseigner le moyen de satisfaire votre désir à bon marché. Avec deux cloches à melon, une carotte et **un canard,** en verrez la farce. Le piège est posé... attention... le lapin arrive et se jette sur l'appât.

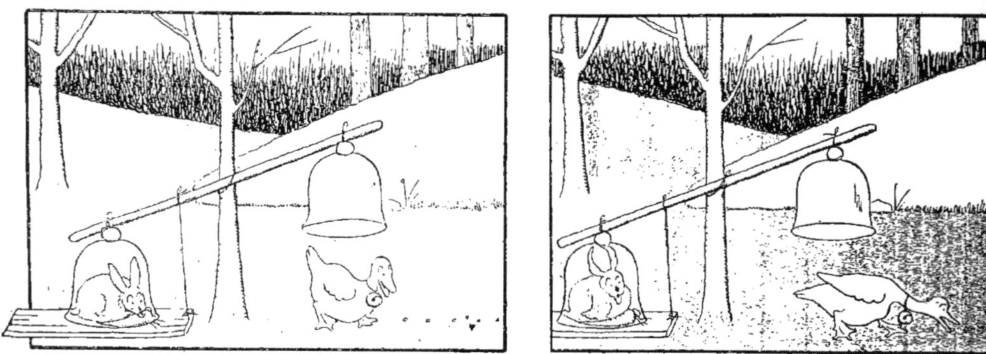

2. — Le poids de l'animal fait descendre sur lui une cloche qui l'emprisonne pendant qu'il met à découvert canard placé sous l'autre cloche. L'oiseau aquatique pousse un « coin ! coin ! » de joie en se voyant délivré et se avidement sur des graines de maïs que vous aurez eu soin de semer jusqu'à votre habitation.

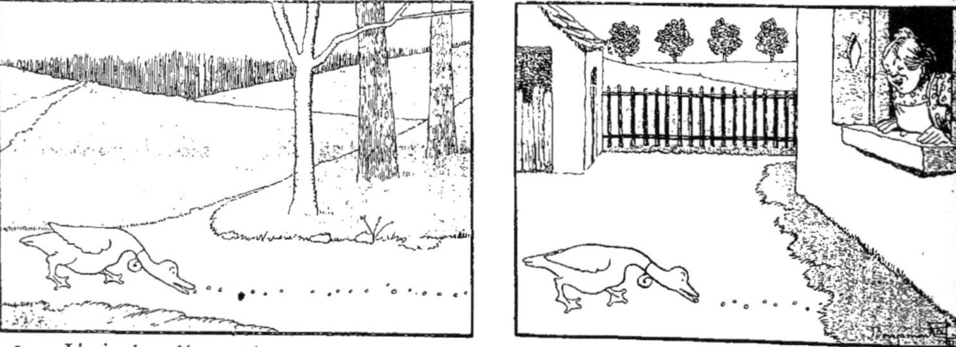

3. — L'animal en dévorant la provende se dirige lentement vers votre demeure où il fait son entrée en agitant grelot fixé à son cou. Le bruit du grelot avertit votre cuisinière que le lapin est pris... Et voilà, c'est plus difficile que ça !

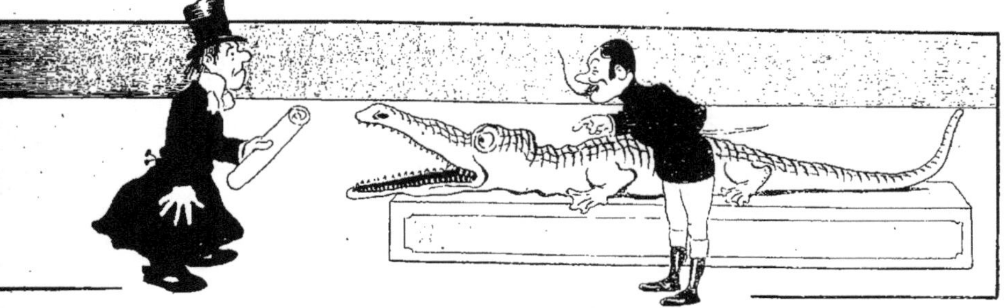

DOMPTEUR. — Monsieur le dentiste, je voudrais faire réparer le dentier de mon crocodile... Voulez-vous lui mesurer
eule ?

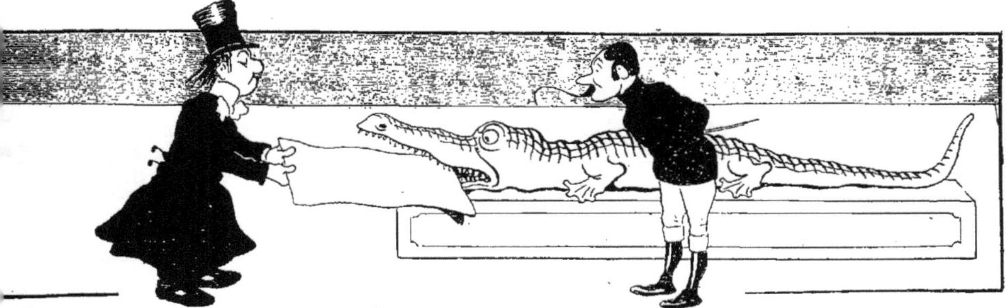

E DOMPTEUR. — Vous avez apporté vos instruments ?...
E DENTISTE. — Non... une simple feuille de papier...

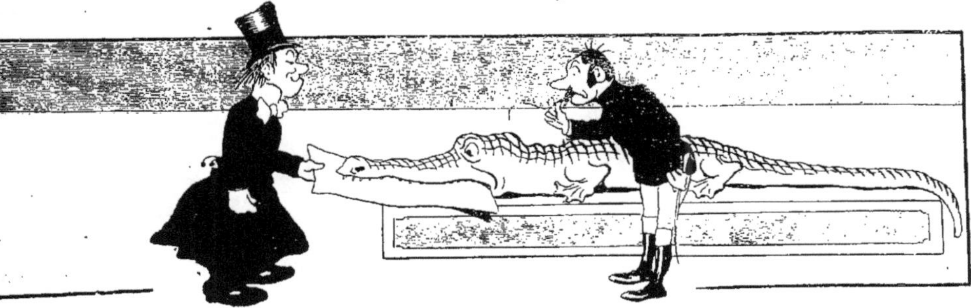

E DENTISTE. — ... Suffira.

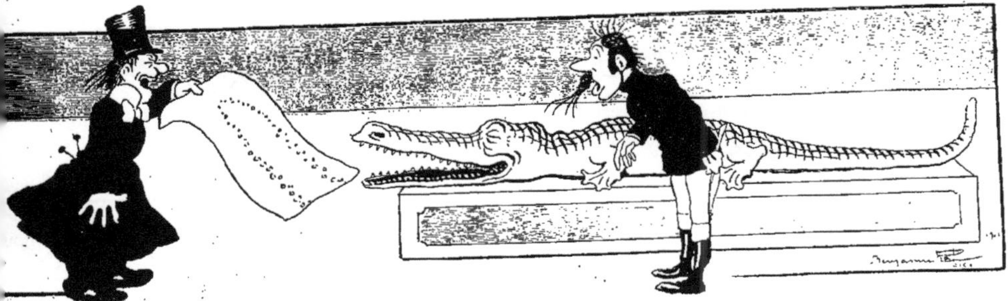

E DENTISTE. — Et voilà !

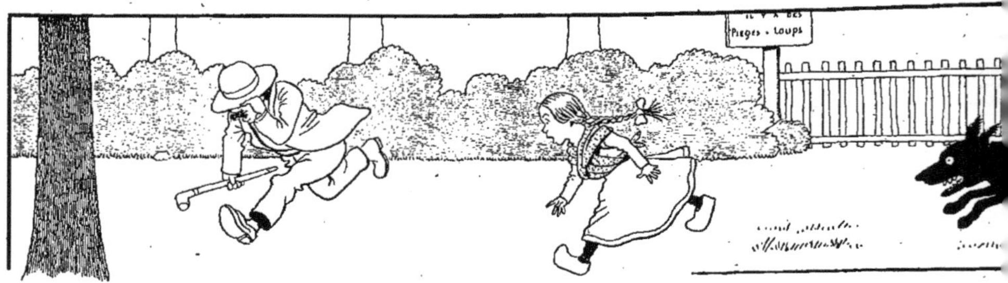


1. — Un jour, raconte Manlius Casterède, que je me promenais aux environs de Beaucaire, je vis venir ver
une petite fille poursuivie par un loup affamé.

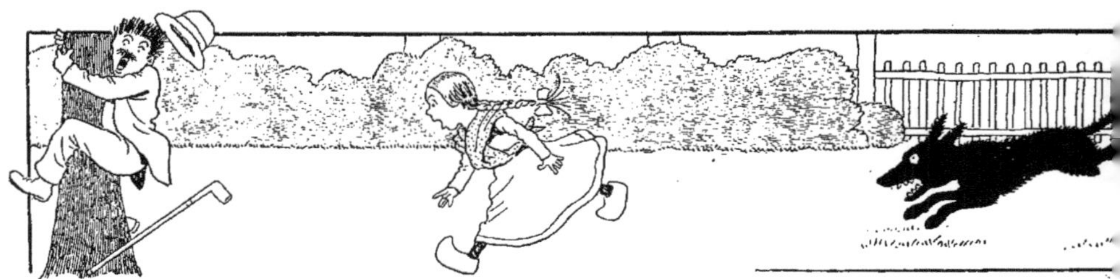

2. — Té! que je dis au loup. fais-moi le plaisir de laisser en paix cette petite fille ou tu auras affa
terrible Manlius Casterède, dit le rempart de la Provence.

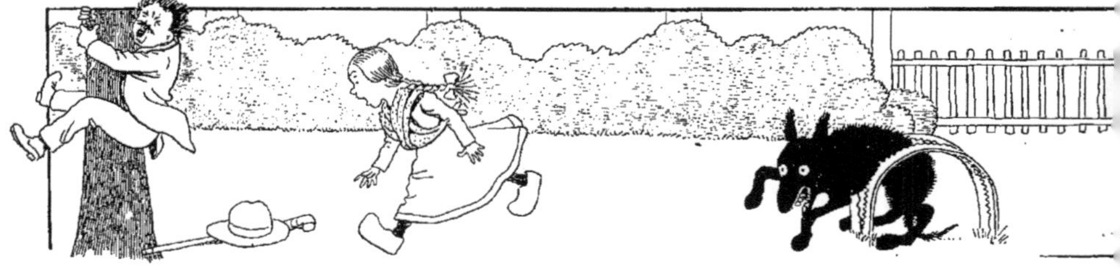

3. — En entendant prononcer mon nom, le loup fut pris d'une peur terrible et s'arrêta net. Il fallait voir l'air
de la bête qui n'osait faire un pas en avant.

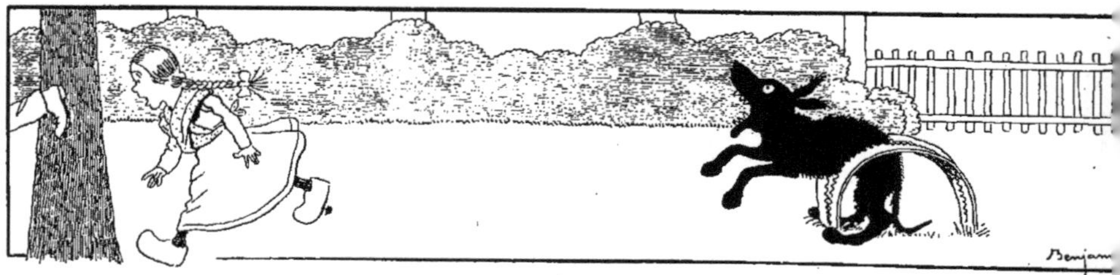

4. — La pauvre petite fille, plus morte que vive, se jeta dans mes bras en sanglotant. Je la rassurai et nou
ensemble le chemin de la ville.

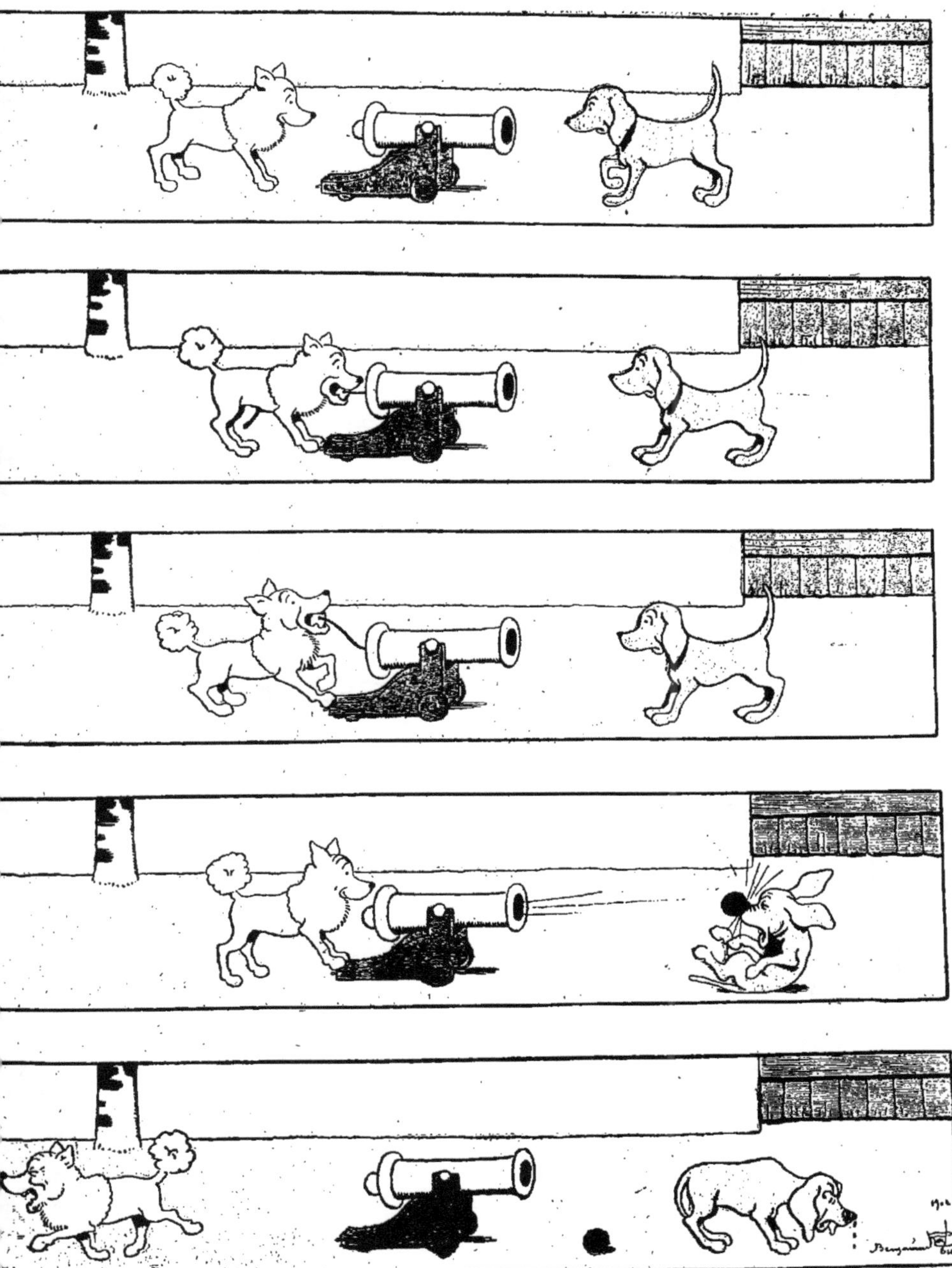
ÉCOUTEZ-MOI.
5

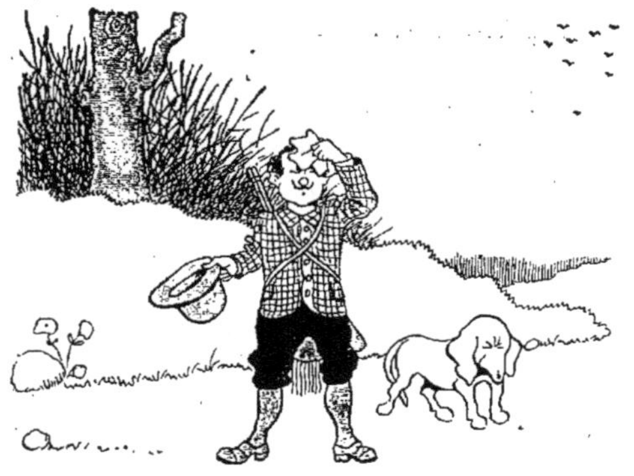

1. — Sapristi qu'il fait chaud !... Ma tête est en ébullition dans ce chapeau qui ne possède pas de ventouses...

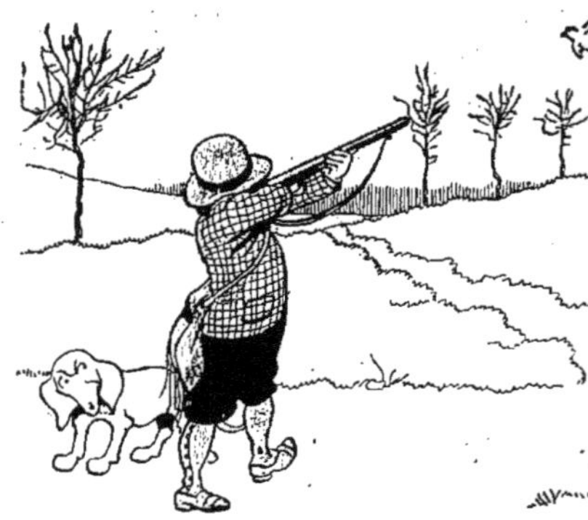

2. — Attention, Médor... une perdrix. [...] d'œil, de l'adresse et du sang-froid...

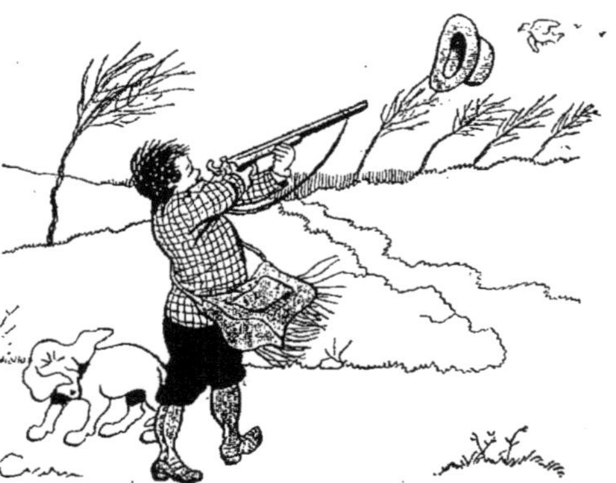

3. — Satané coup de vent... allons bon, mon chapeau qui s'envole...

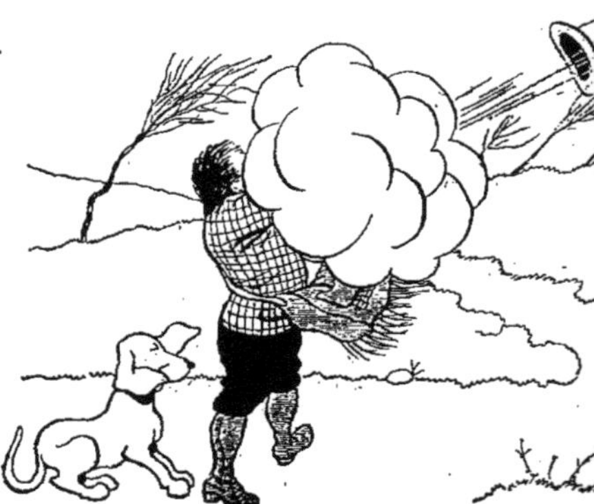

4. — Pan !... La perdrix doit être écrabouillé[e]

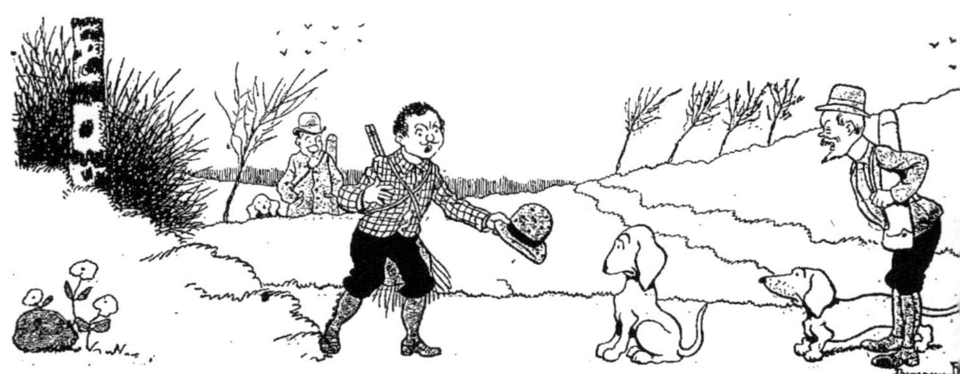

5. — Moi qui désirais des ventouses à mon chapeau... je suis servi à souhait !

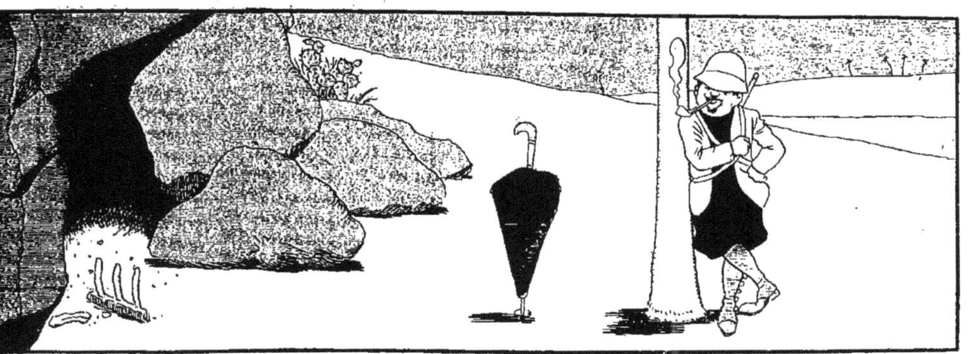

. — MARIUS. — Si j'envoyais à ma femme, pour ses étrennes, la peau d'un lion que j'aurais tué, pour s'en faire une
·cente de lit...

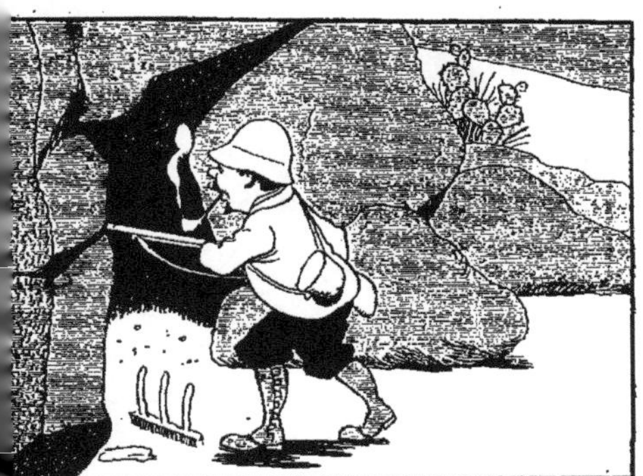

— MARIUS. — Ça sent le fauve par ici...          3. — Entrons...

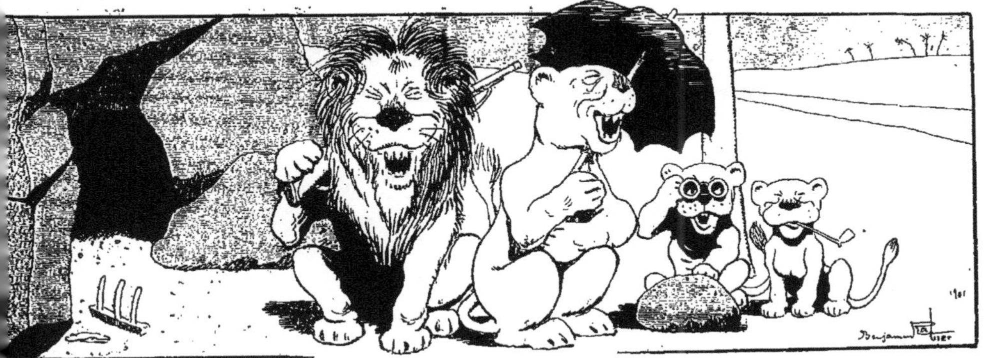

— LE LION. — Ce type nous a laissé de très jolis souvenirs, ma chérie... sans compter la superbe descente de lit
·eau d'Européen que je vais pouvoir t'offrir pour tes étrennes !!!

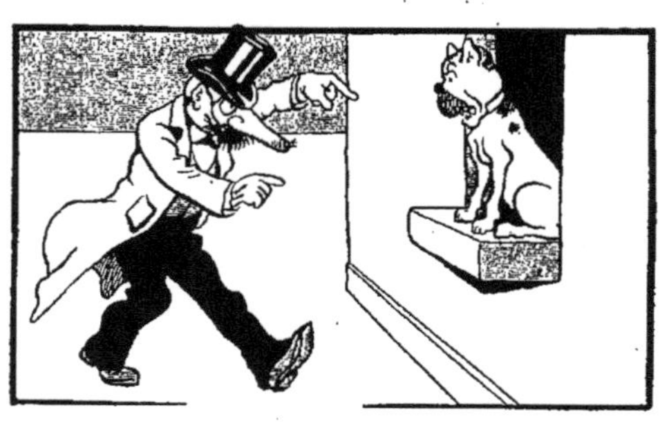

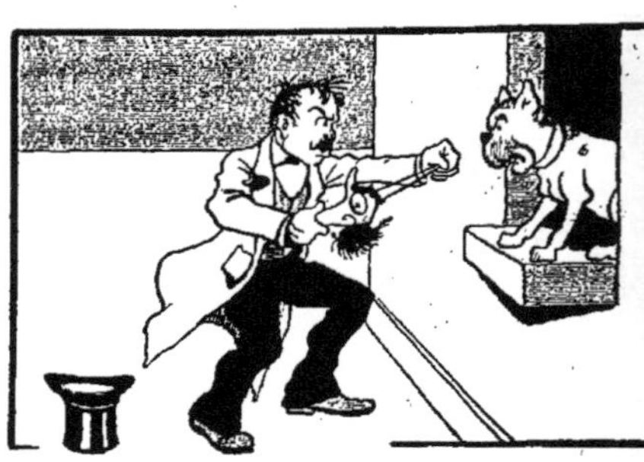

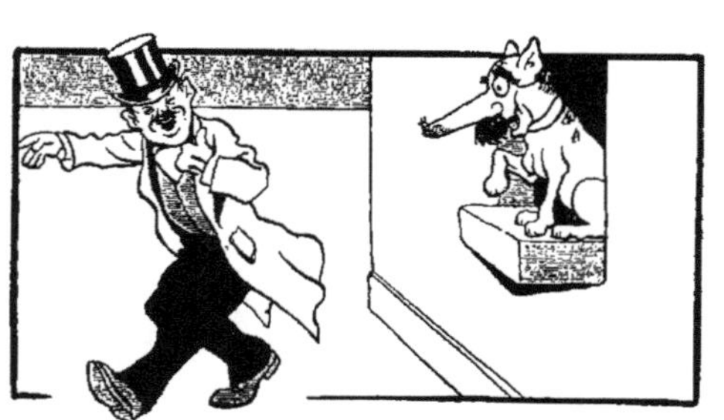

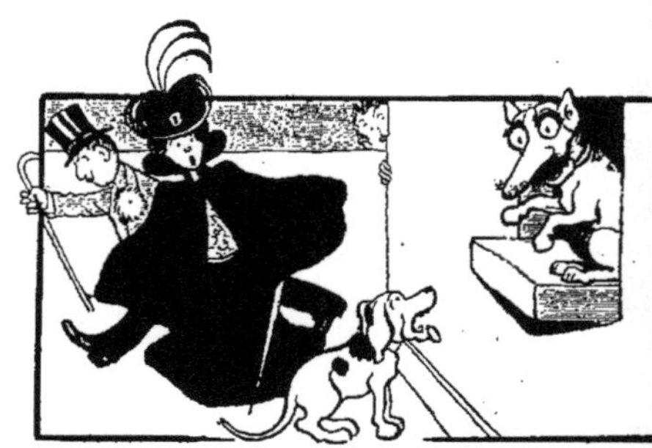

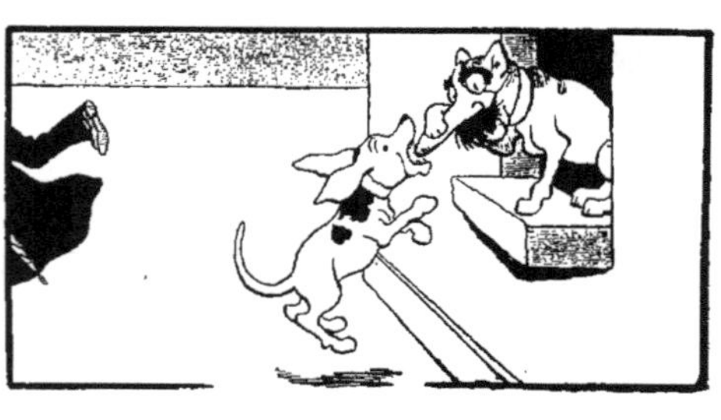

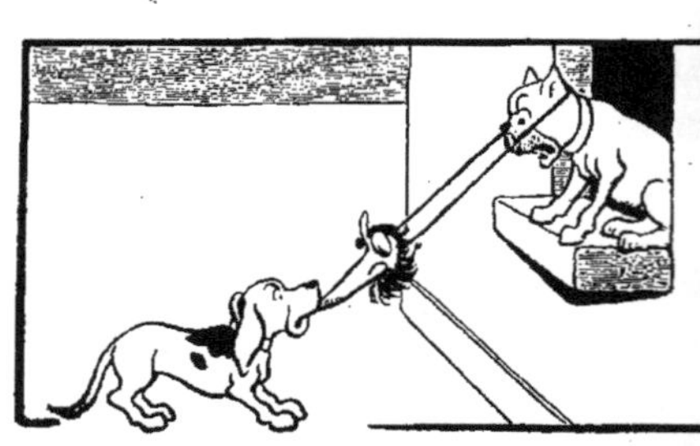

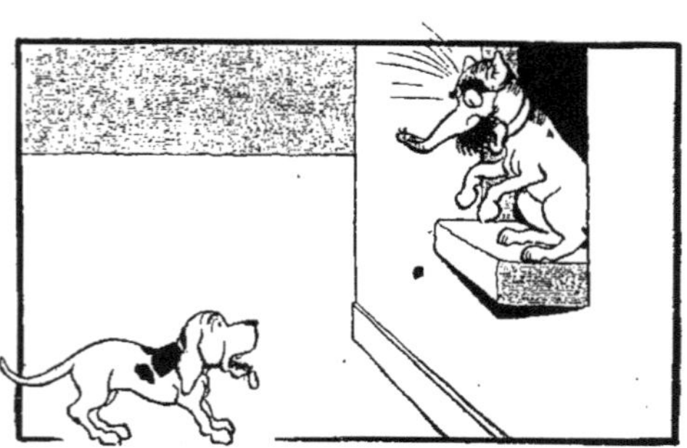

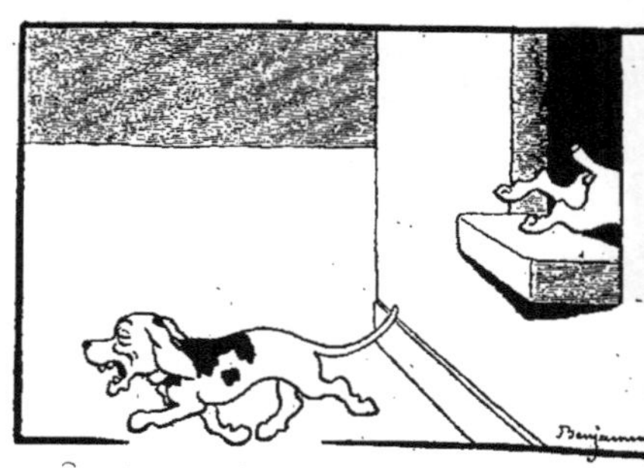

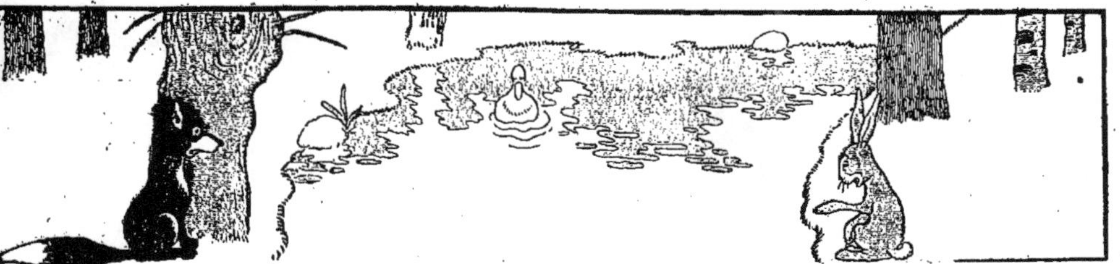

1. — LE LAPIN. — Hein !... mon vieux renard, la rivière est un peu large...

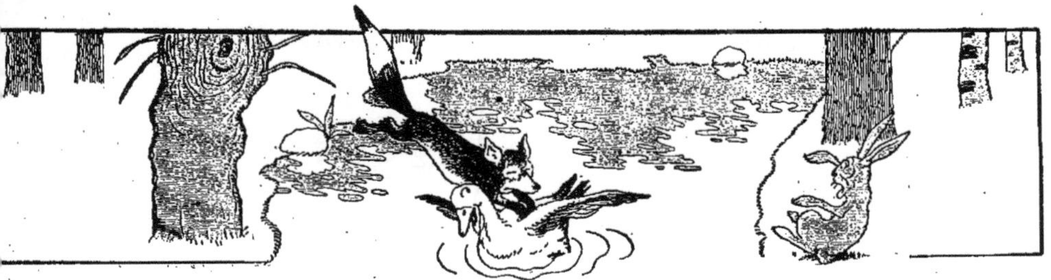

2. — LE RENARD. — Tu crois, mon vieux lapin. Peut-être...

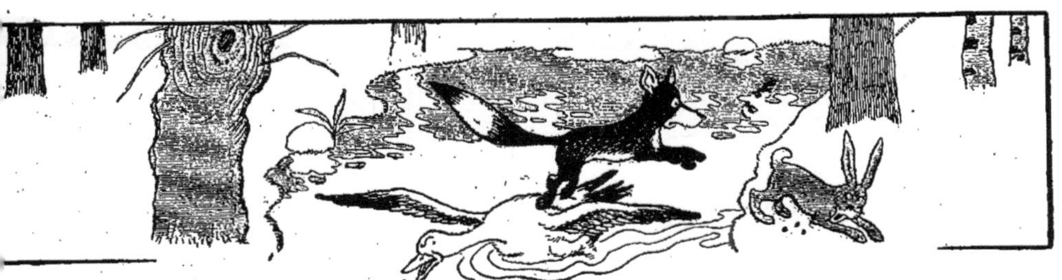

3. — LE RENARD. — Pourrait-on la raccourcir.

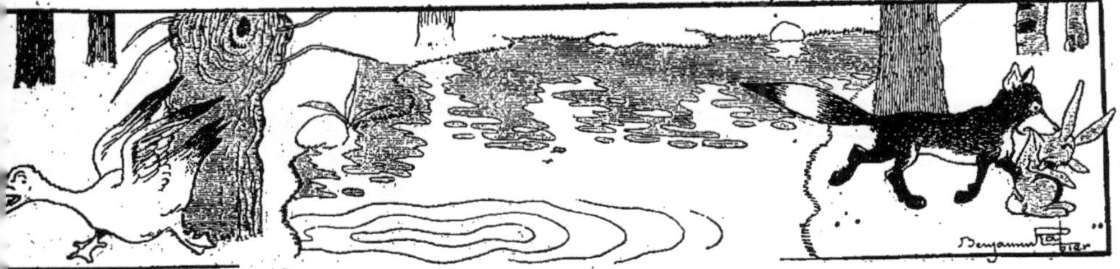

4. — C'est le lapin qui a commencé, c'est le lapin qui finit.

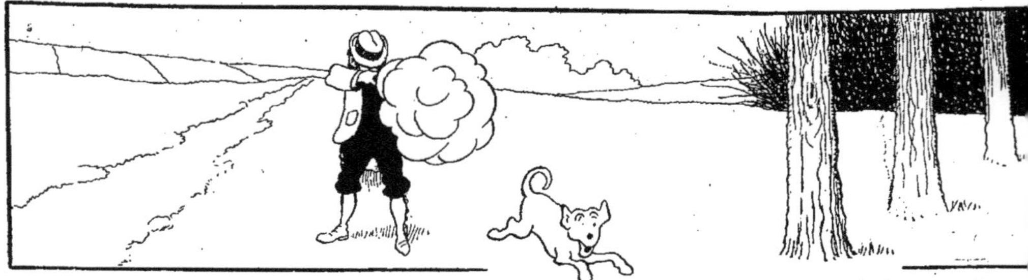

1. — Va, Médor... et apporte...

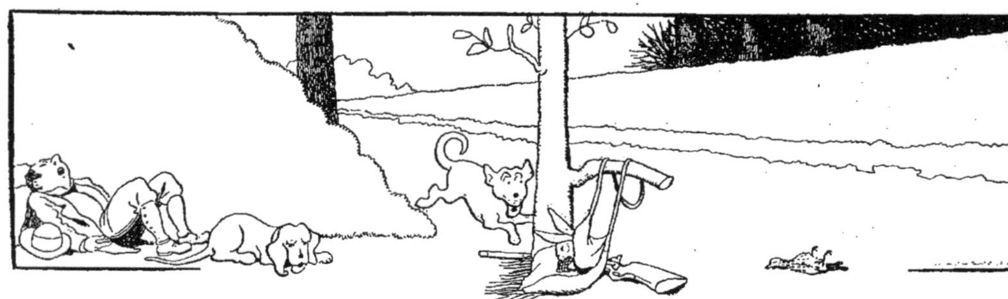

2. — Médor se précipite sur la perdrix abattue.

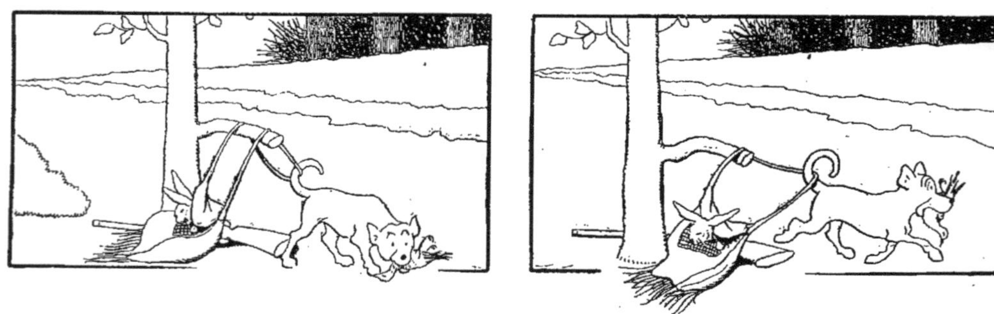

3 et 4. — Médor a la queue en trompette. Il accroche avec son appendice caudal la courroie d'une carnassière q
contient un superbe lapin. La carnassière appartient à un autre chasseur, profondément endormi au pied d'un arb

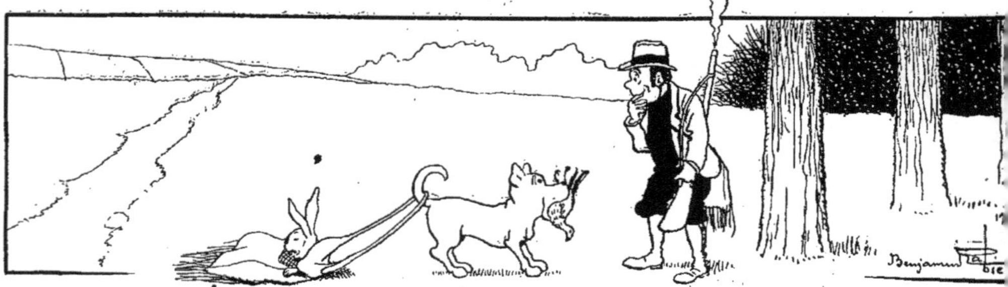

5. — Médor apporte à son maître une perdrix et un lapin. — Je n'en avais pas tant demandé, pense le chasseur.

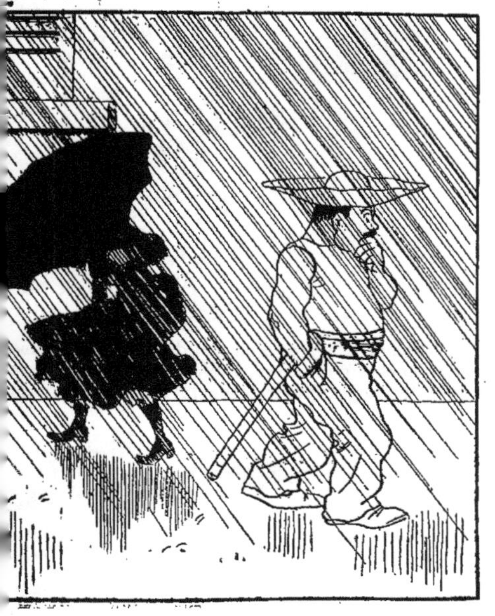
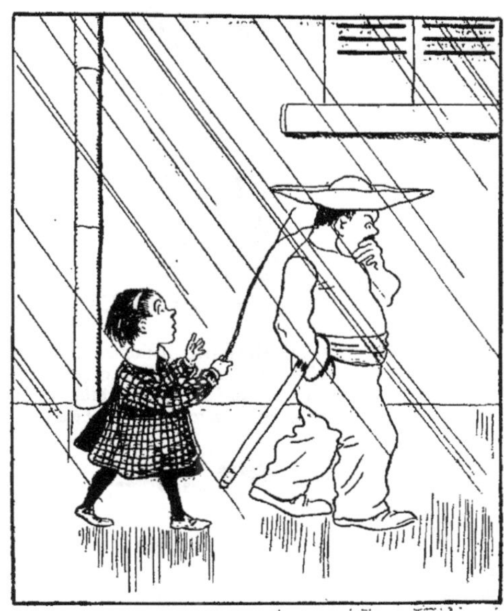
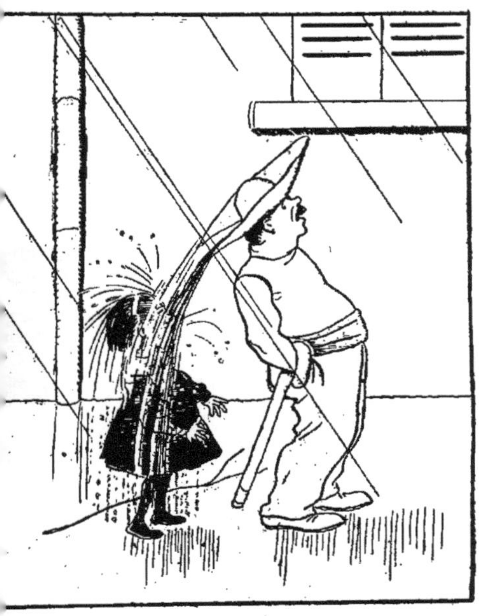
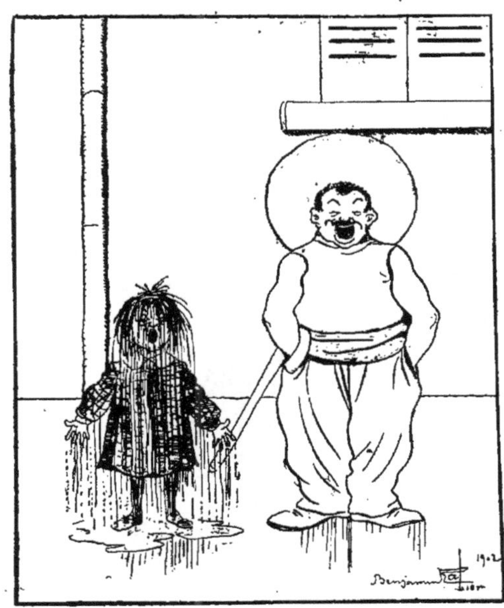

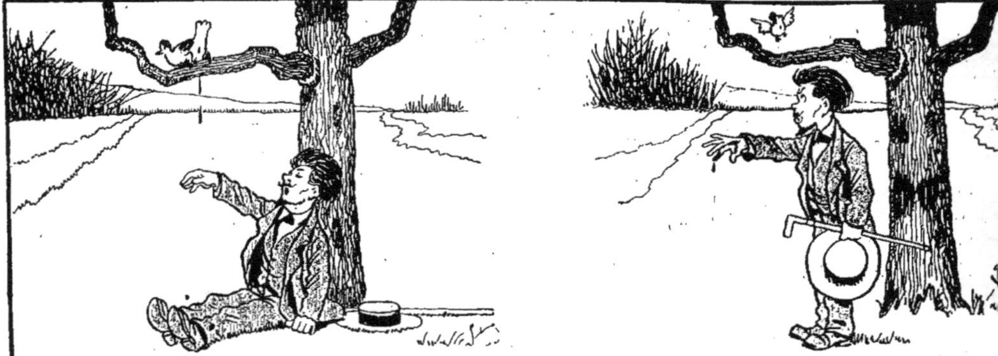

1. — Jean Poireau, végétarien distingué, après un excellent déjeuner composé d'un plat de carottes et d'une purée de lentilles s'en fut à la campagne se promener. Assis à l'ombre d'un arbre, Poireau tombe en extase devant un champ de navets. Un pigeon perché sur une branche interrompt brusquement la rêverie du végétarien. Sale bête ! dit notre homme en quittant la place...

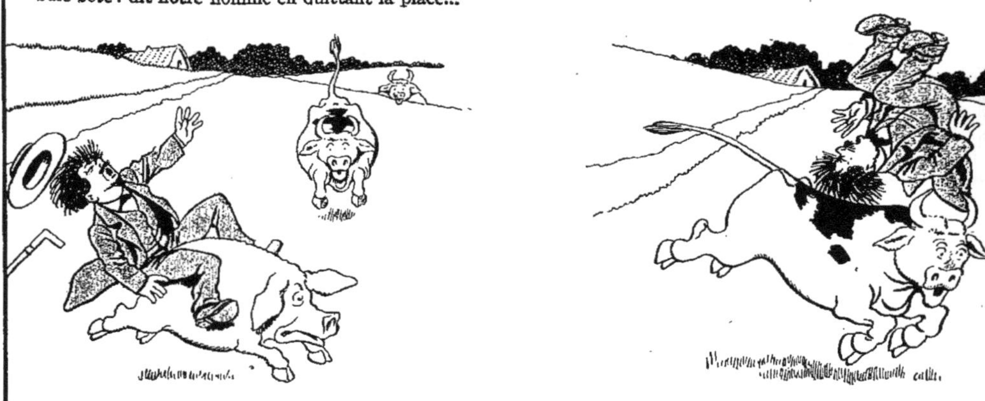

2. — Plus loin, un porc poursuivi par un bœuf passe entre les jambes de Poireau et le renverse. A peine relevé, le malheureux est soulevé par les cornes du bœuf et il exécute en l'air un prodigieux saut périlleux. Blessé, meurtri, il se sauve clopin-clopant...

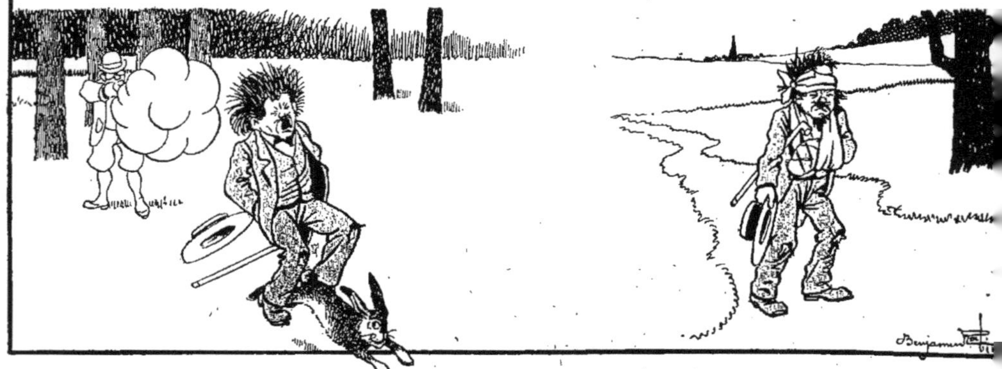

3. — Il n'a pas fait dix pas qu'un lièvre poursuivi passe entre ses jambes. Le chasseur tire... Qui est attrapé? C'est Poireau ! « Ah ! c'est comme ça que ces brutes, auxquelles je n'ai jamais touché me respectent », dit le végétarien. « Comme je vais bien me venger. » Et à partir de ce jour, les repas de Jean Poireau se composèrent invariablement de : pigeon aux petits pois, côtelettes de porc frais, bœuf mode et civet de lièvre.

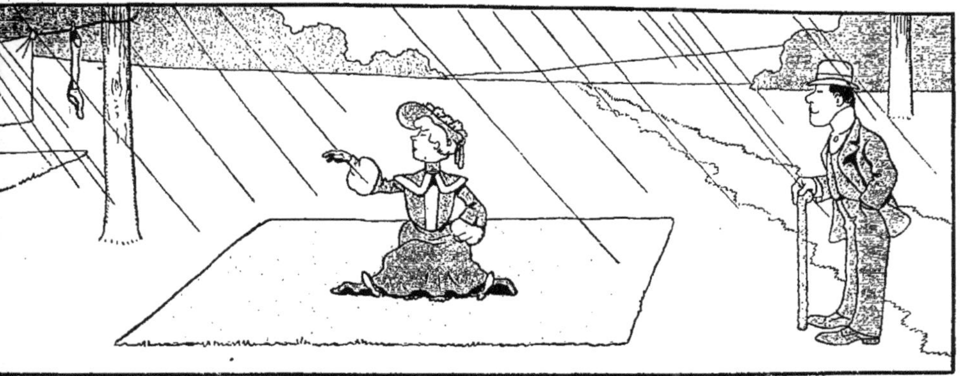

— Pas de veine, Gusman, voilà qu'il pleut... mon chapeau est fichu... ma robe est perdue...

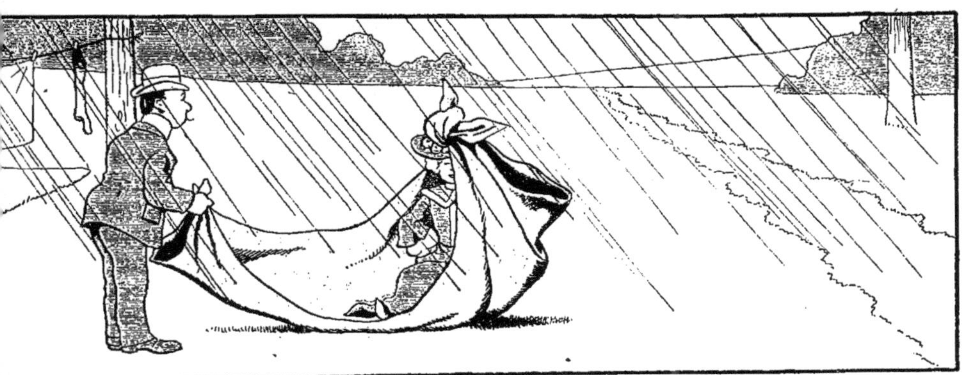

— Ne craignez rien, mon enfant... je suis là...

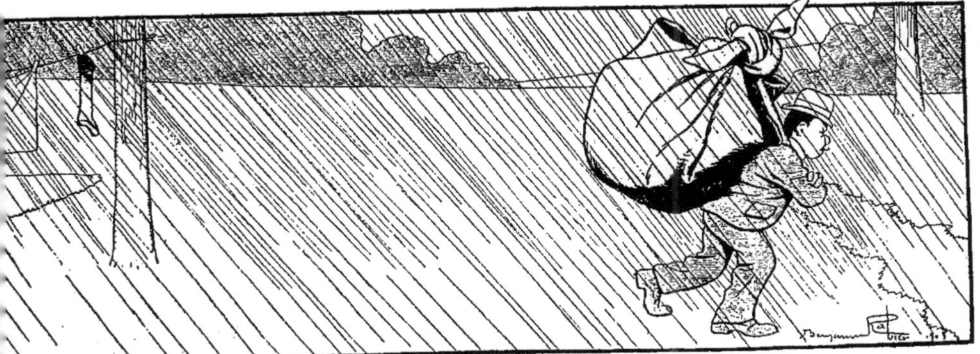

— Vous savez bien que Gusman ne connaît pas d'obstacles !...



ÉCOUTEZ-MOI.

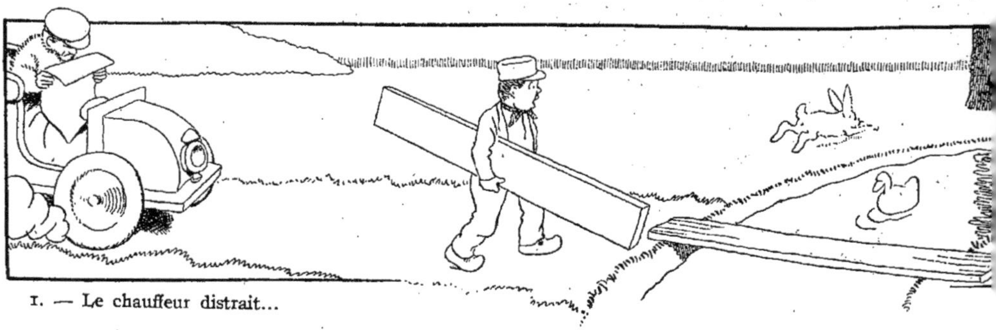

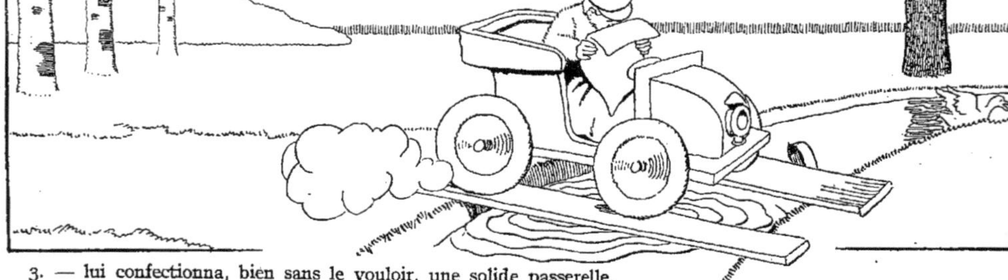

1. — Le chauffeur distrait...

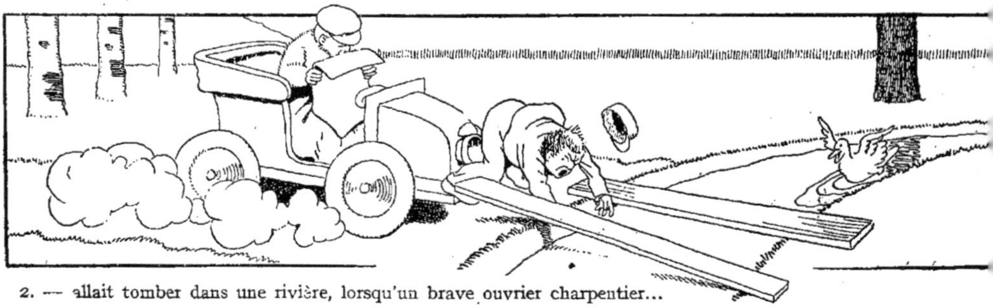

2. — allait tomber dans une rivière, lorsqu'un brave ouvrier charpentier...

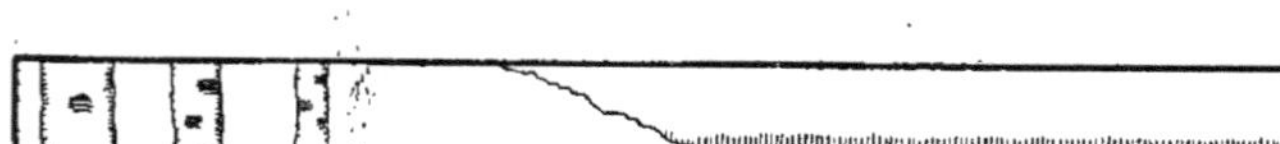

3. — lui confectionna, bien sans le vouloir, une solide passerelle.

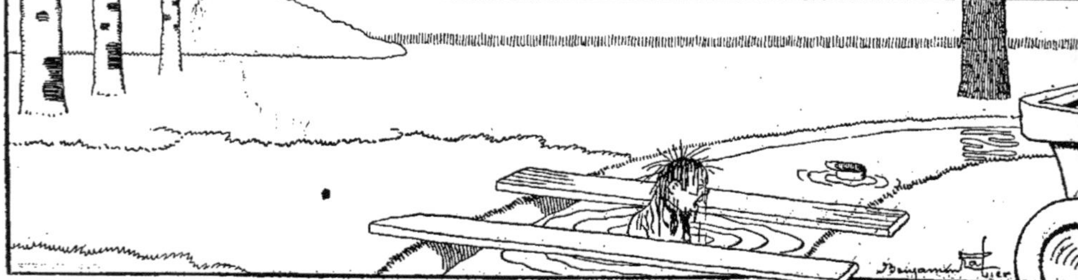

4. — Un bienfait n'est pas toujours récompensé ! ! !

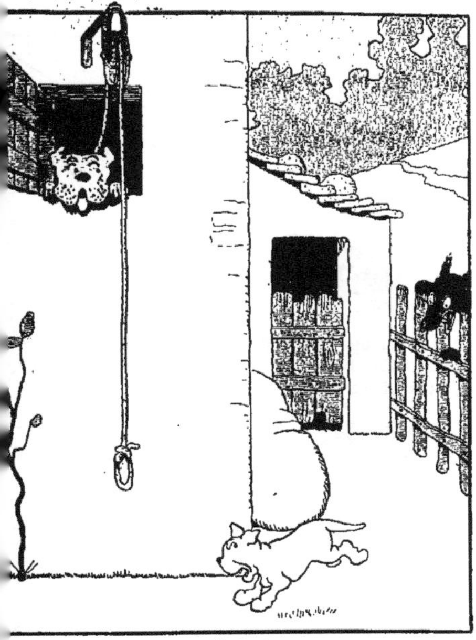

— Papa ! Papa !... voilà le loup !

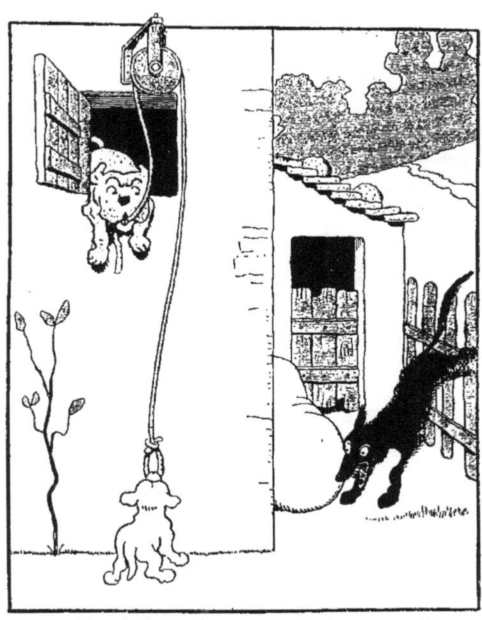

2. — Prends la corde avec tes dents, mon petit...

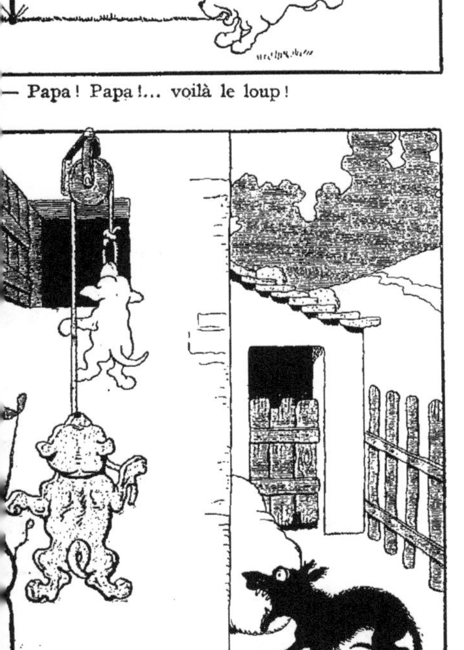

— Tiens bon... nous voilà arrivés à destination...

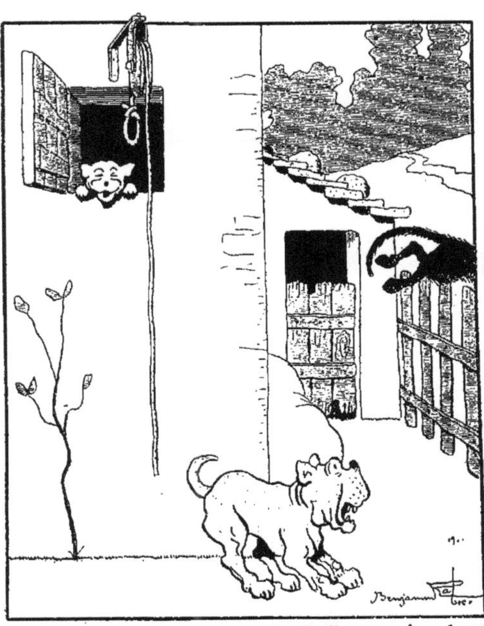

4. — Tu ne t'attendais pas à celle-là, mon vieux loup de malheur !...

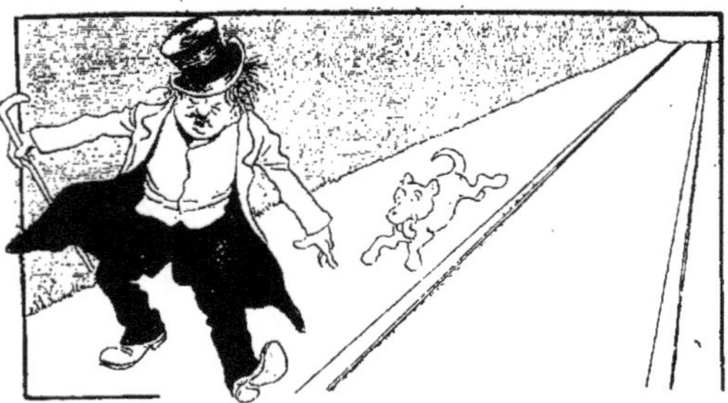

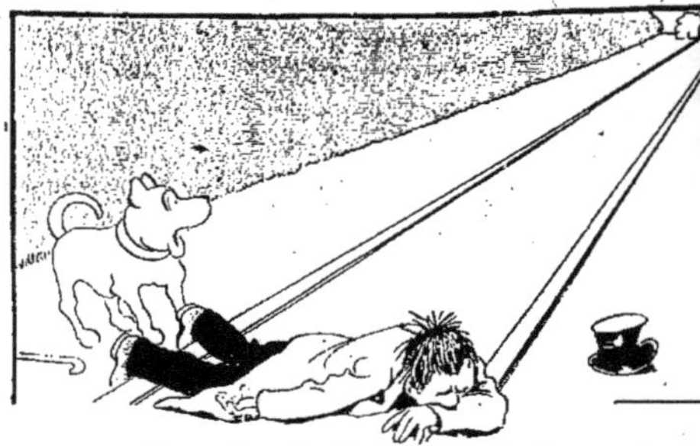

1. — Monsieur Lavinasse sort d'un banquet considérablement ivre...

2. — Il longe la voie d'un chemin de fer. Un faux [pas] le fait tomber la face contre terre et bientôt il s'end[ort] au moment du passage d'un express.

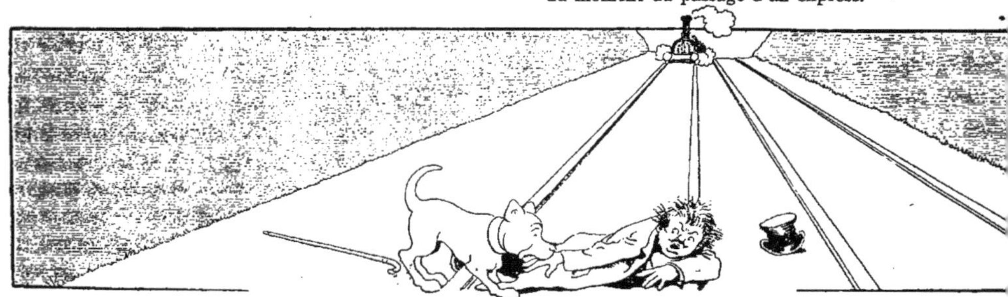

3. — Un pauvre chien voyant le danger se jette sur Lavinasse et lui mord la main.

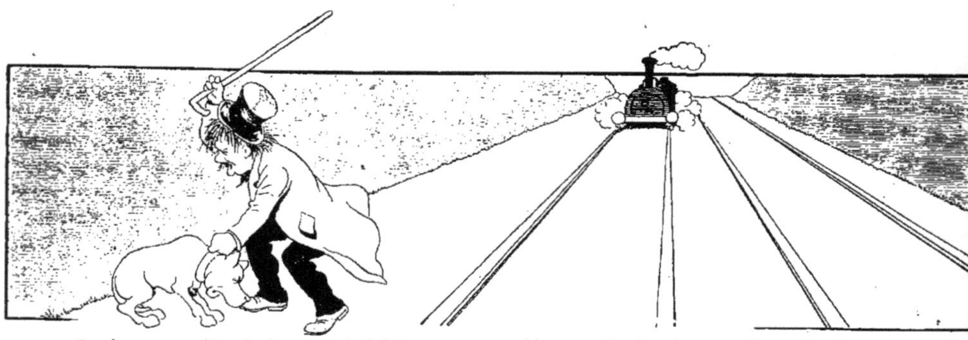

4. — Lavinasse se relève furieux et administre au pauvre chien une magistrale correction pour s'être permis d'i[nter]rompre son sommeil.

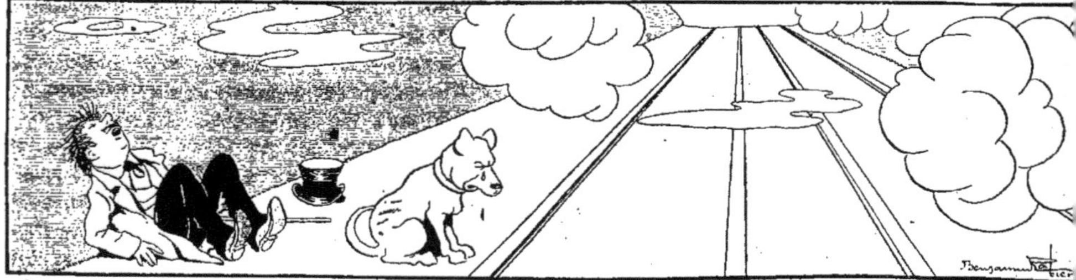

5. — L'express passe pendant ce temps et Lavinasse s'endort de nouveau, mais cette fois, en sûreté, au pied du [talus ?]. Le malheureux chien, victime de son dévouement, pleure sur l'ingratitude humaine.

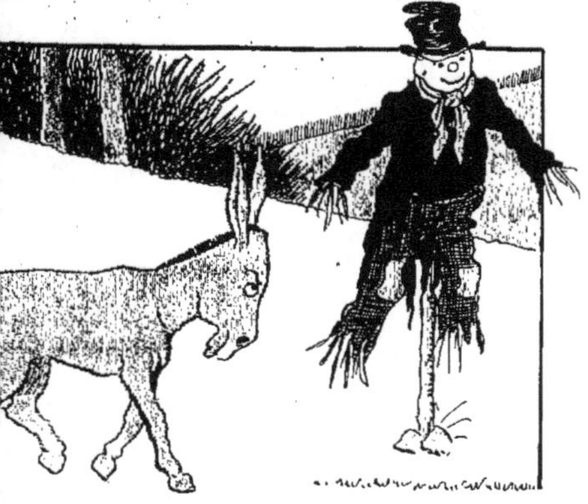

- L'ANE. — Voilà un individu qui a bien mau-figure...

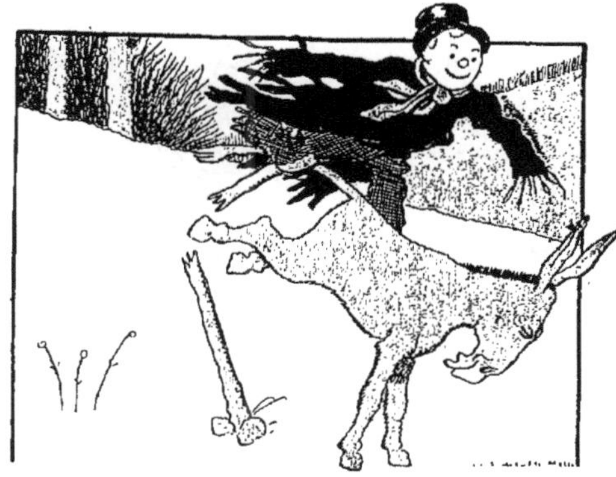

2. — L'ANE. — Détachons-lui une ruade avant que l'envie de mal faire le prenne.

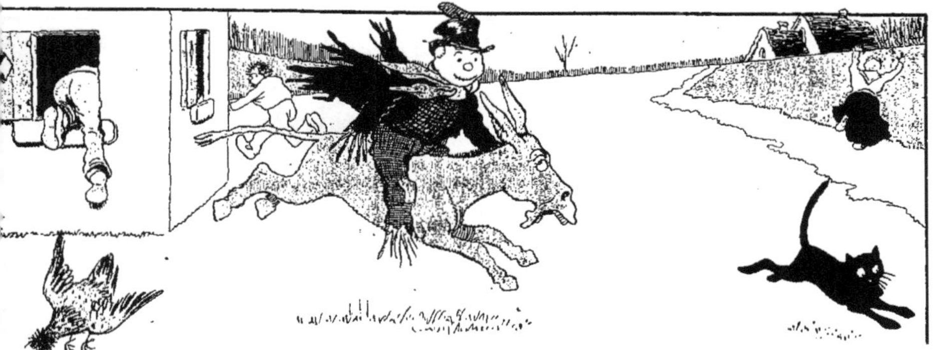

- L'ANE. — Ah ! le sacripan !... Il a réussi à m'enfourcher.

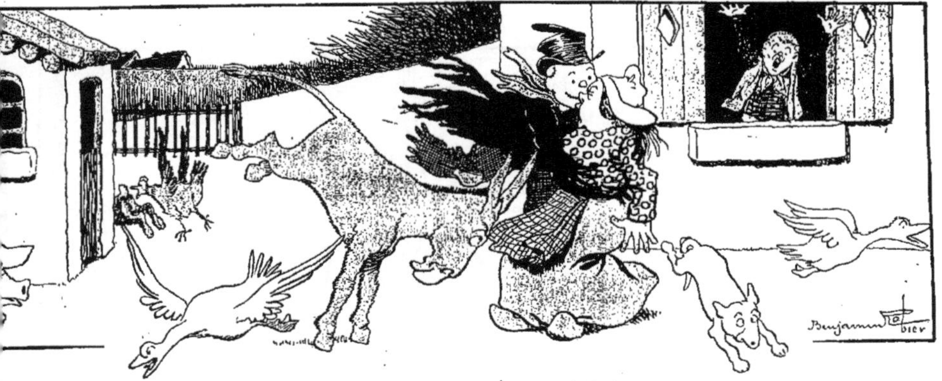

L'ANE. — V'lan !... Dans les bras de ma bonne maîtresse... Tire-toi de là comme tu pourras !...

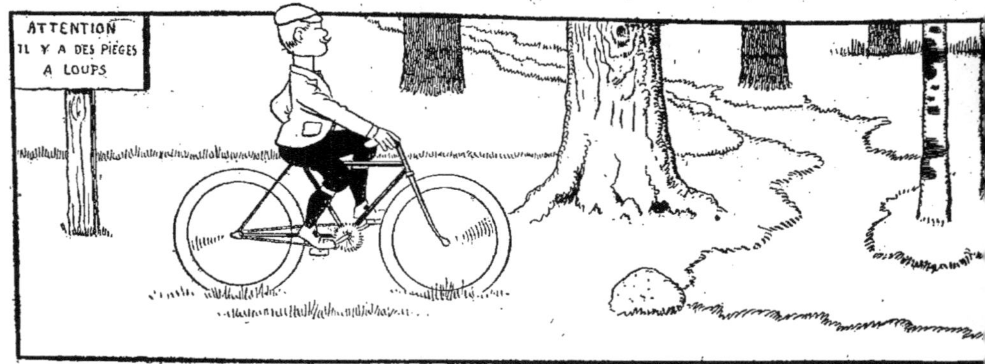



1. — C'est bien fâcheux qu'il n'y ait pas de garage par ici... j'aurais volontiers laissé un instant ma bicyclette visiter la forêt...

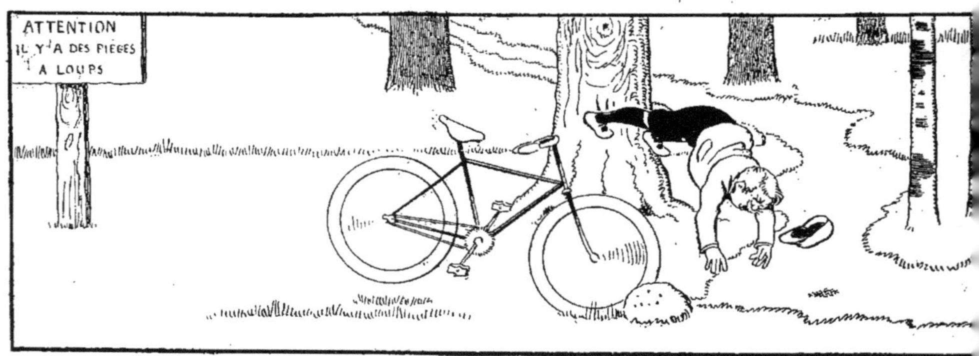



2. — V'lan !... une pelle !...

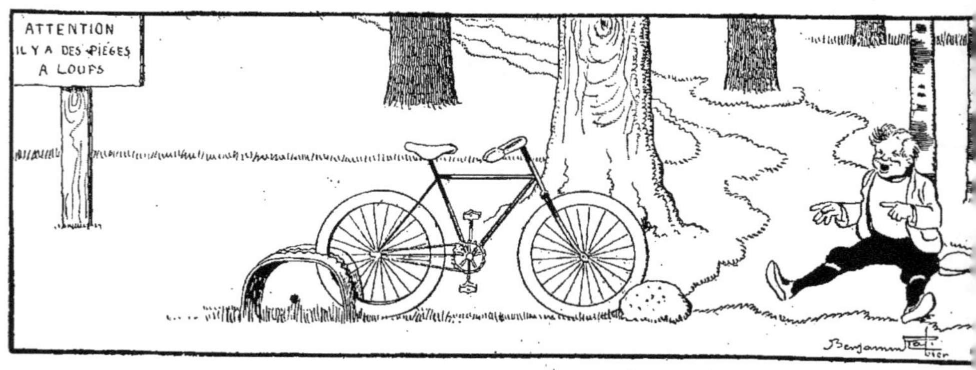



3. — Épatant ! Inouï ! Renversant !... Le voilà, le garage demandé !...

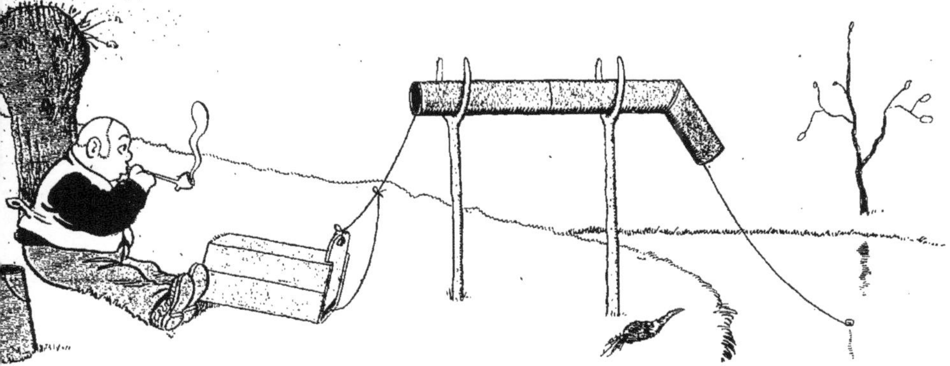

— Voilà une petite installation qui a l'avantage de ne pas être prohibée par les règlements de la pêche à la ligne.

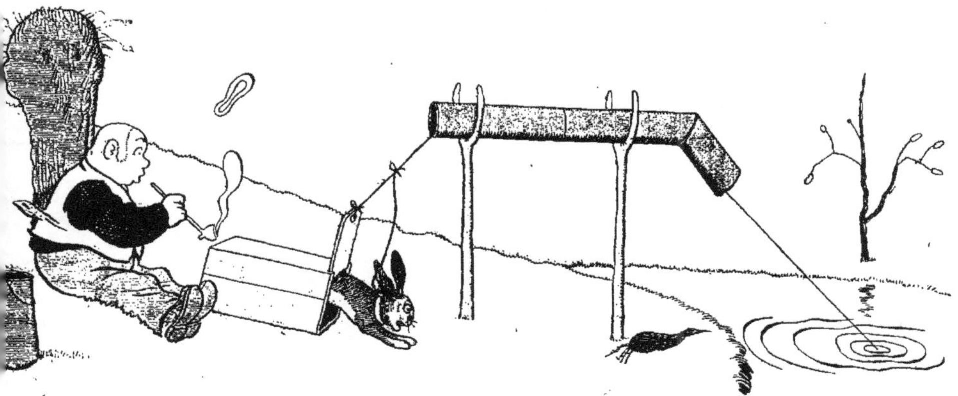

— Voyez comme c'est simple... le poisson tire sur la ficelle, la planche se lève et donne la liberté à Jeannot...

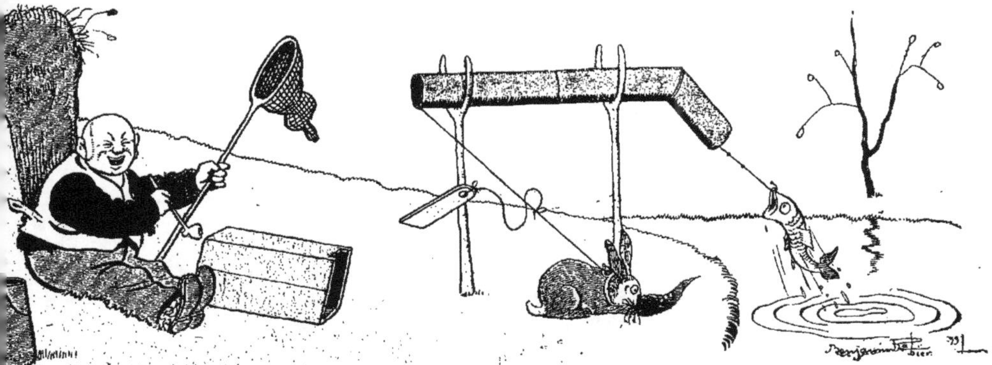

— ...qui se précipite sur la carotte... Je n'ai plus qu'à détacher le poisson et à... recommencer !...

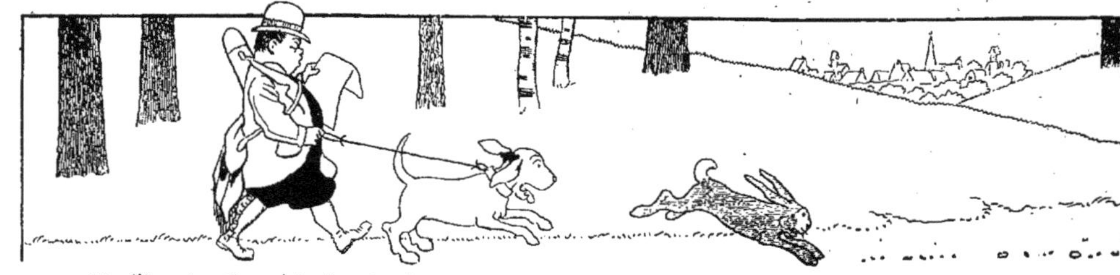

1. — Un lièvre !... Ça existe donc !...

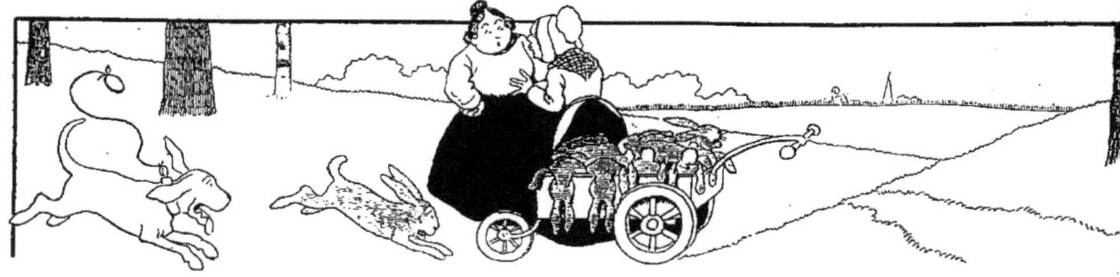

2. — Viens ici, que je te voie de près...

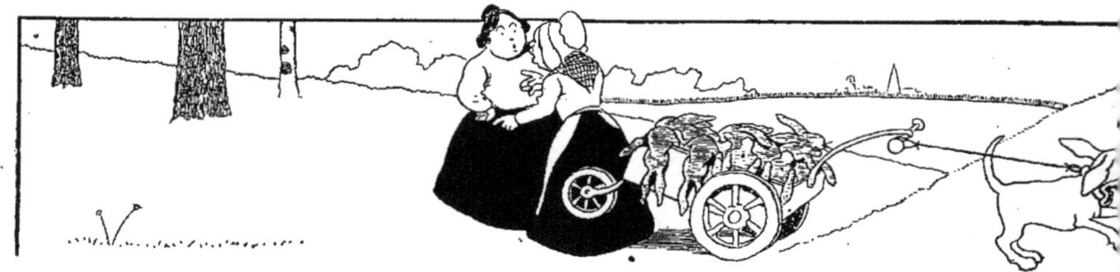

3. — Zut !... accroché !...

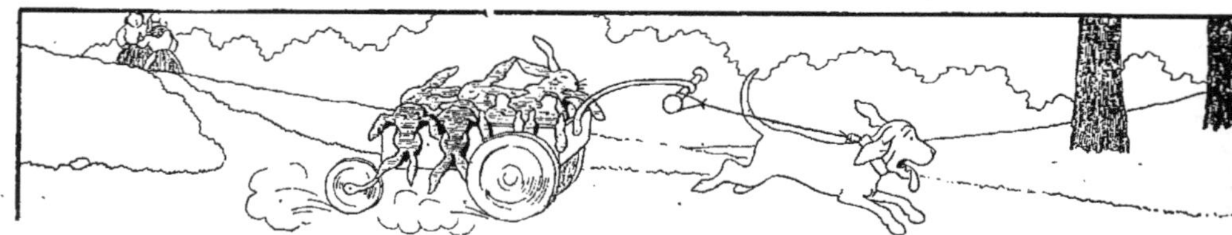

4. — Retournons près de mon maître...

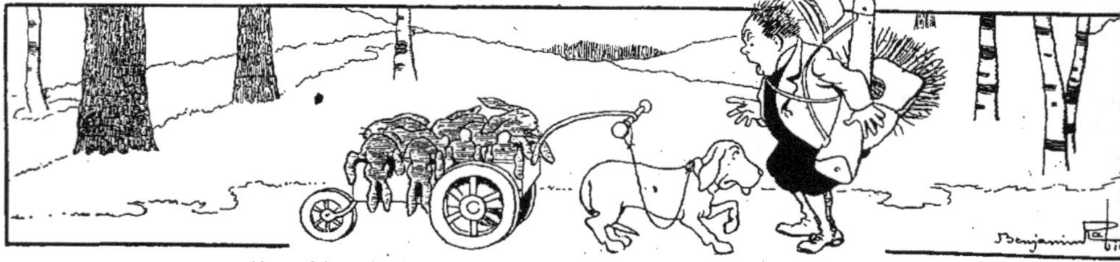

5. — LE CHASSEUR. — Tu es bien sûr de n'en avoir pas oublié ?...

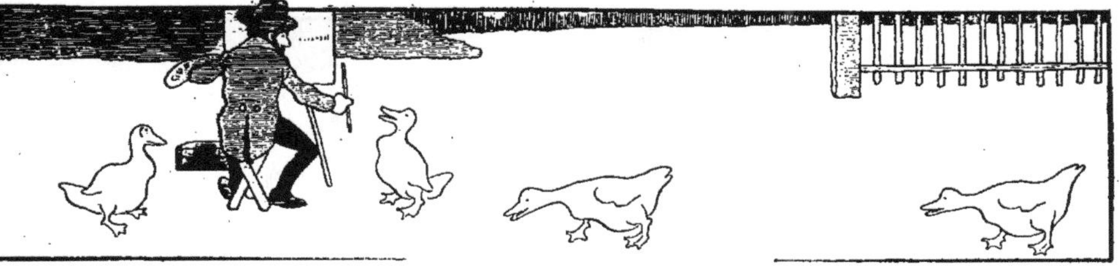

— Lapalette, paysagiste, gêné par la présence d'une bande de canards, songe à leur jouer un vilain tour.

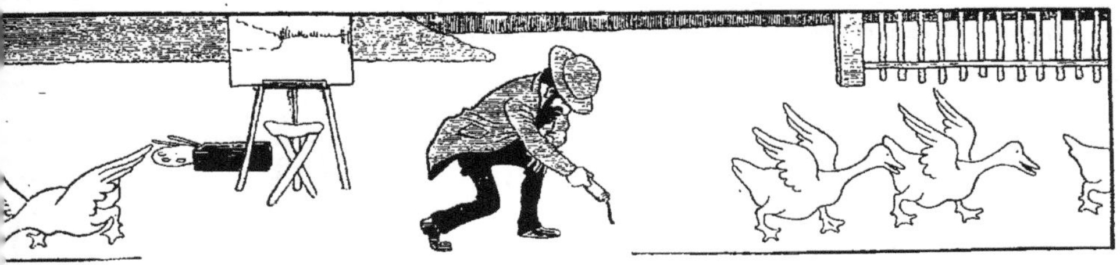

— Il prend un tube de couleur brune et en répand à terre le contenu

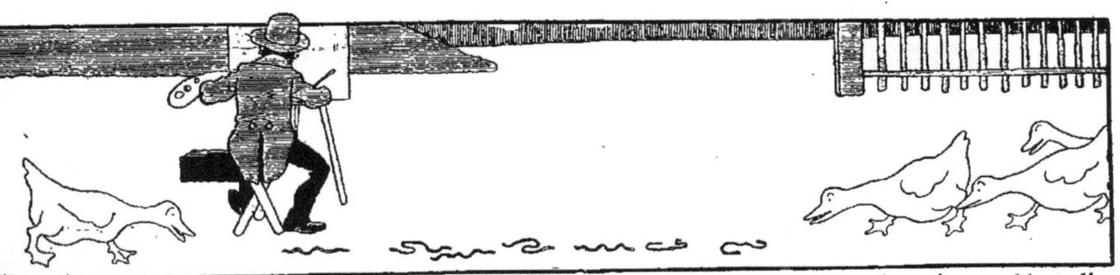

— La peinture à l'huile forme, en s'étalant à terre, toute une lignée de serpents minuscules qui ressemblent d'une
on frappante à des vers de terre.

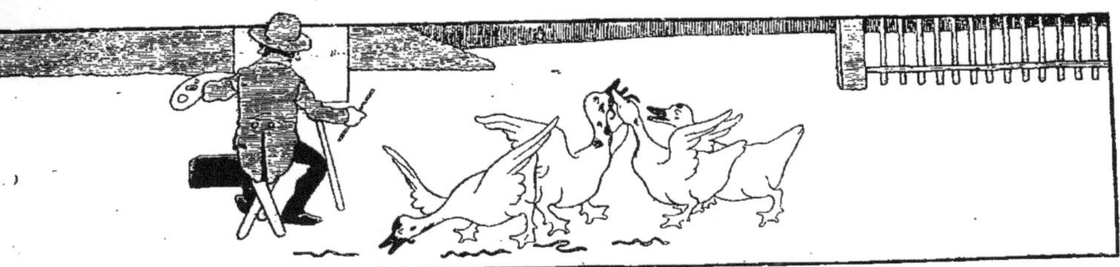

— Les canards, très friands de cet animal, se jettent avidement sur les vers en peinture.

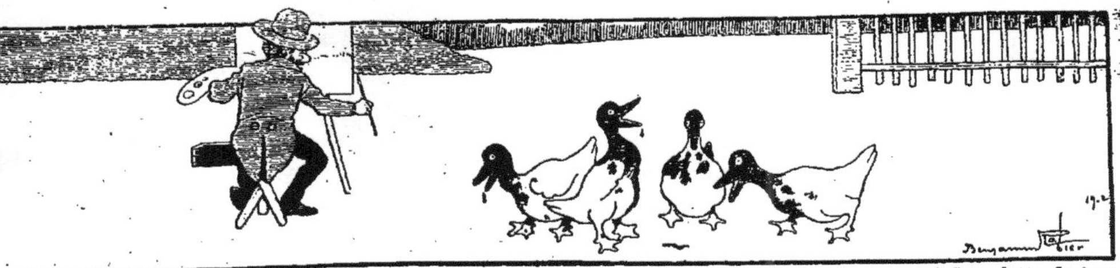

— Les voilà barbouillés d'une façon comique, aussi abandonnent-ils la place, ce qui permet à Lapalette de tra-
er sans être dérangé.

# LE PORTEFAIX IVRE

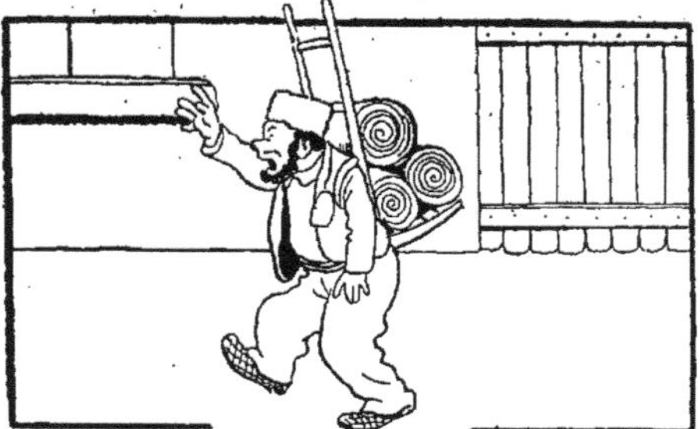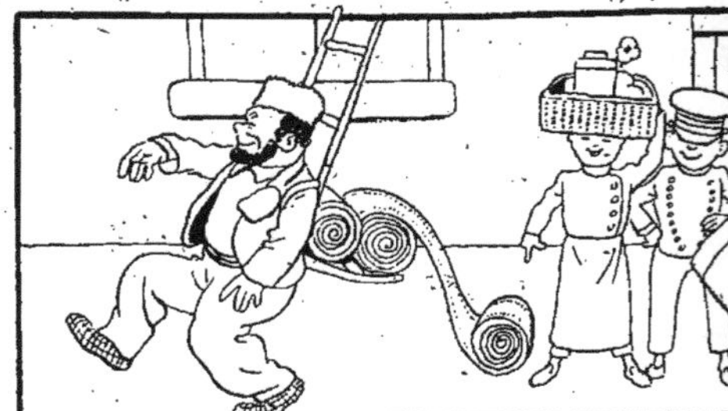

1. — Lucien le chasseur et Théodore le pâtissier ont l'esprit inventif.

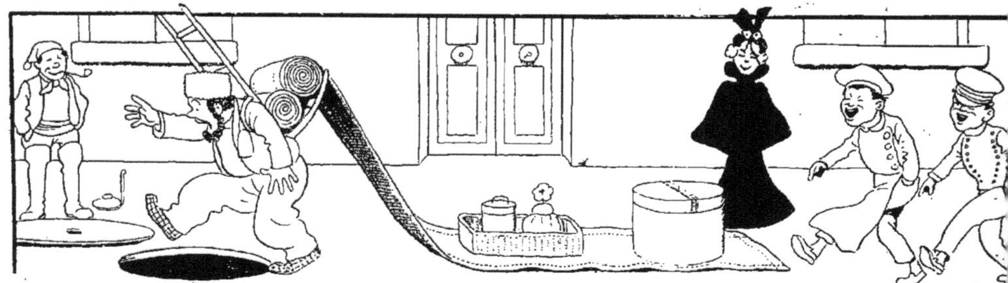

2. — Apercevant un commissionnaire auvergnat gambadant sous l'influence d'une ivresse manifeste, ils résolude se distraire à ses dépens. Vous voyez comment ils y parvinrent.

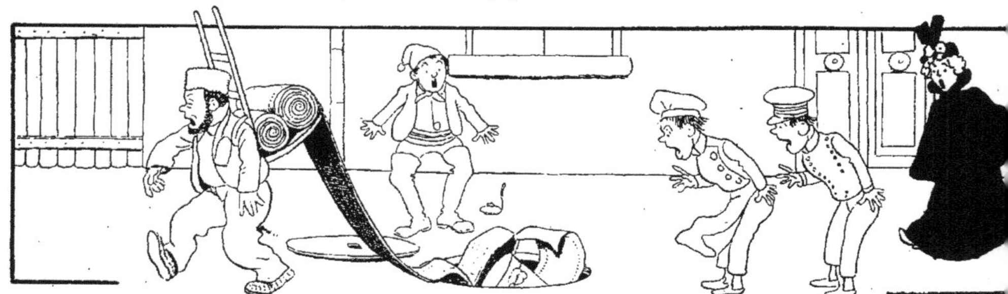

3. — Toute médaille a son revers. Les deux amis en firent la triste constatation.

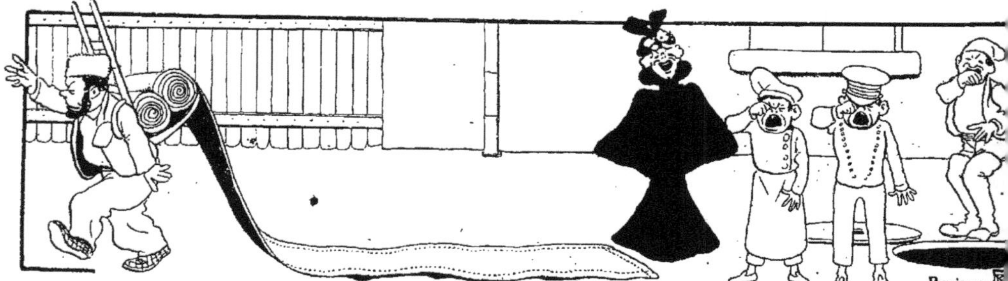

4. — Triste affaire pour le chasseur et le pâtissier. Bonne aubaine pour l'égoutier.

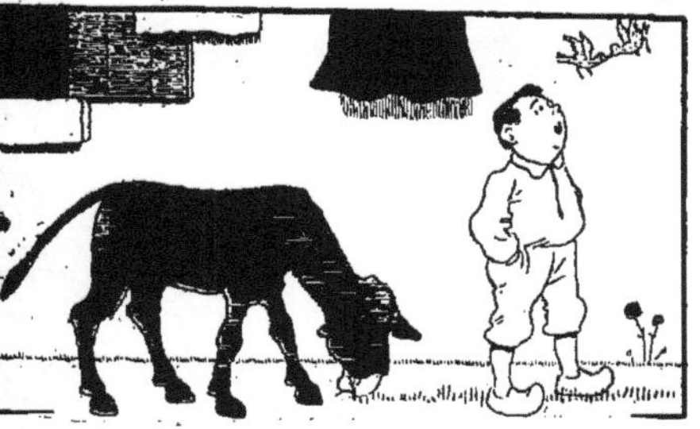

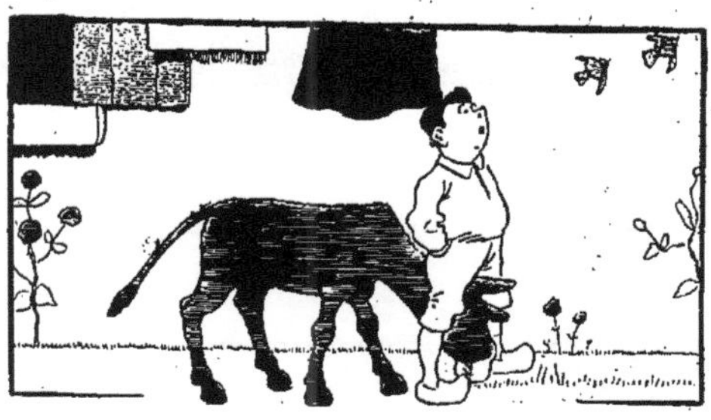

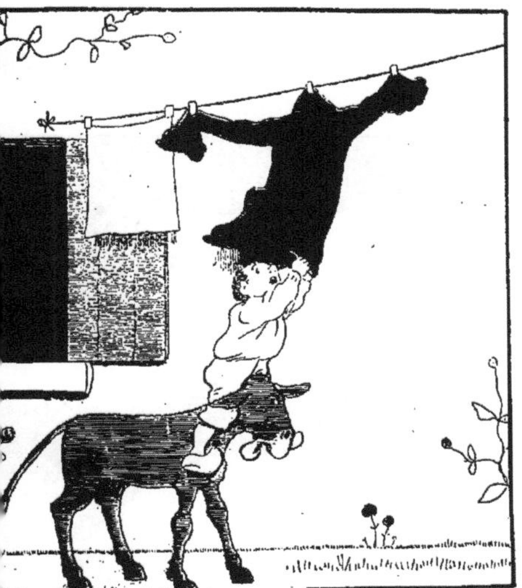

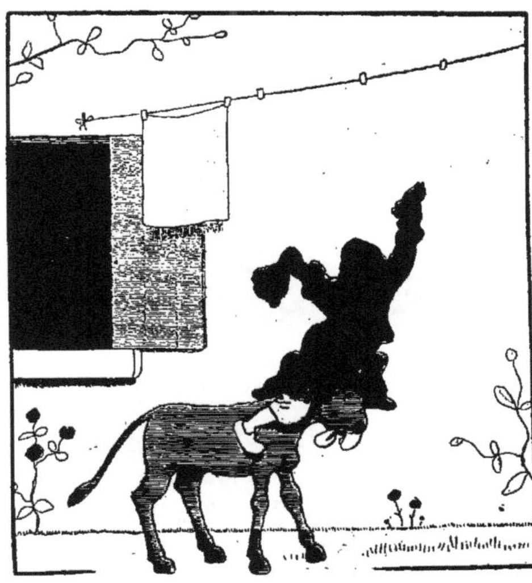

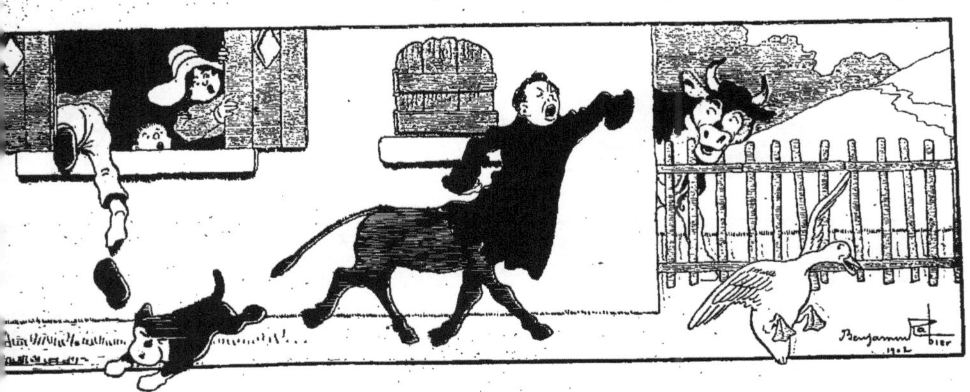

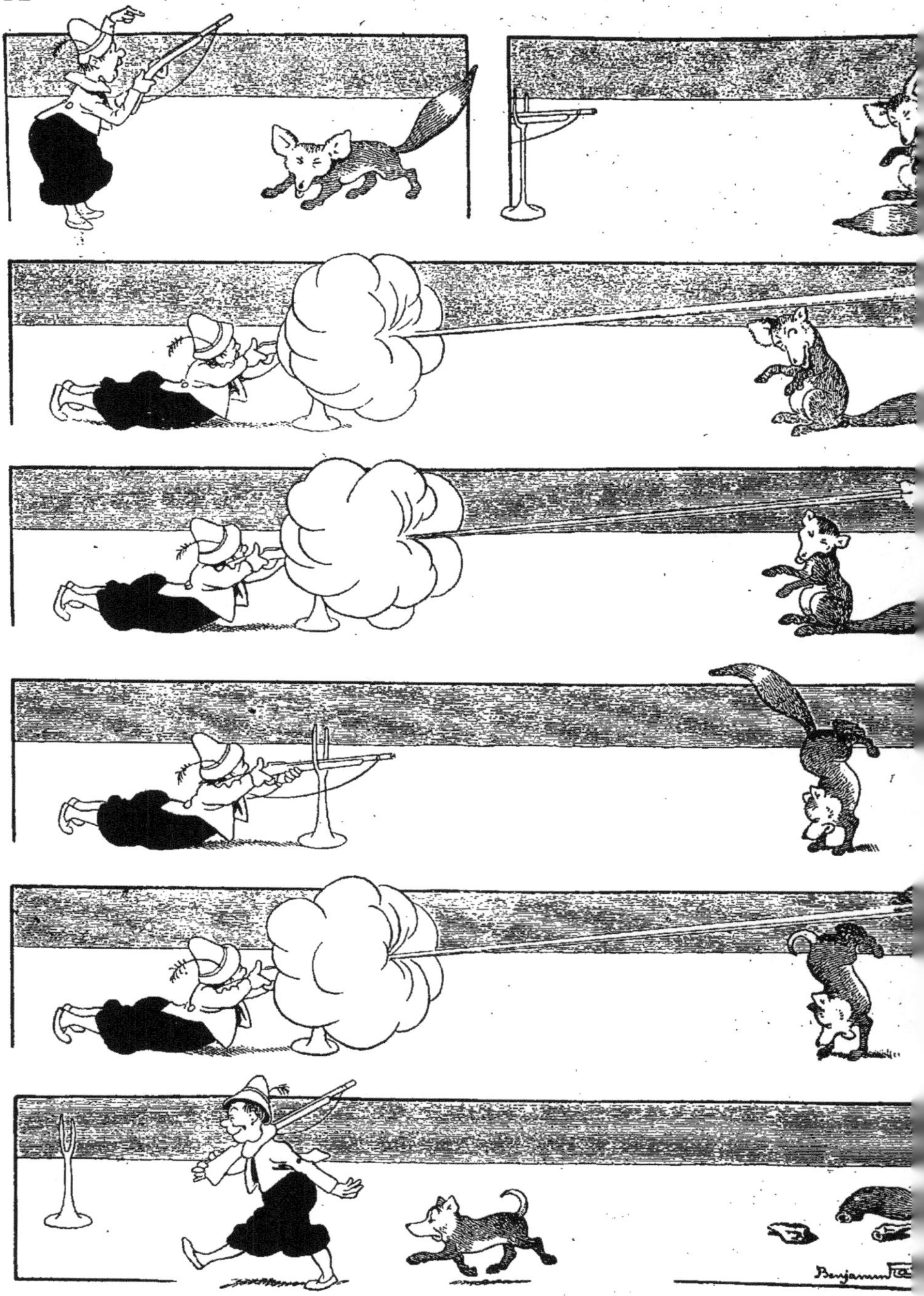

Benjamin Rabier

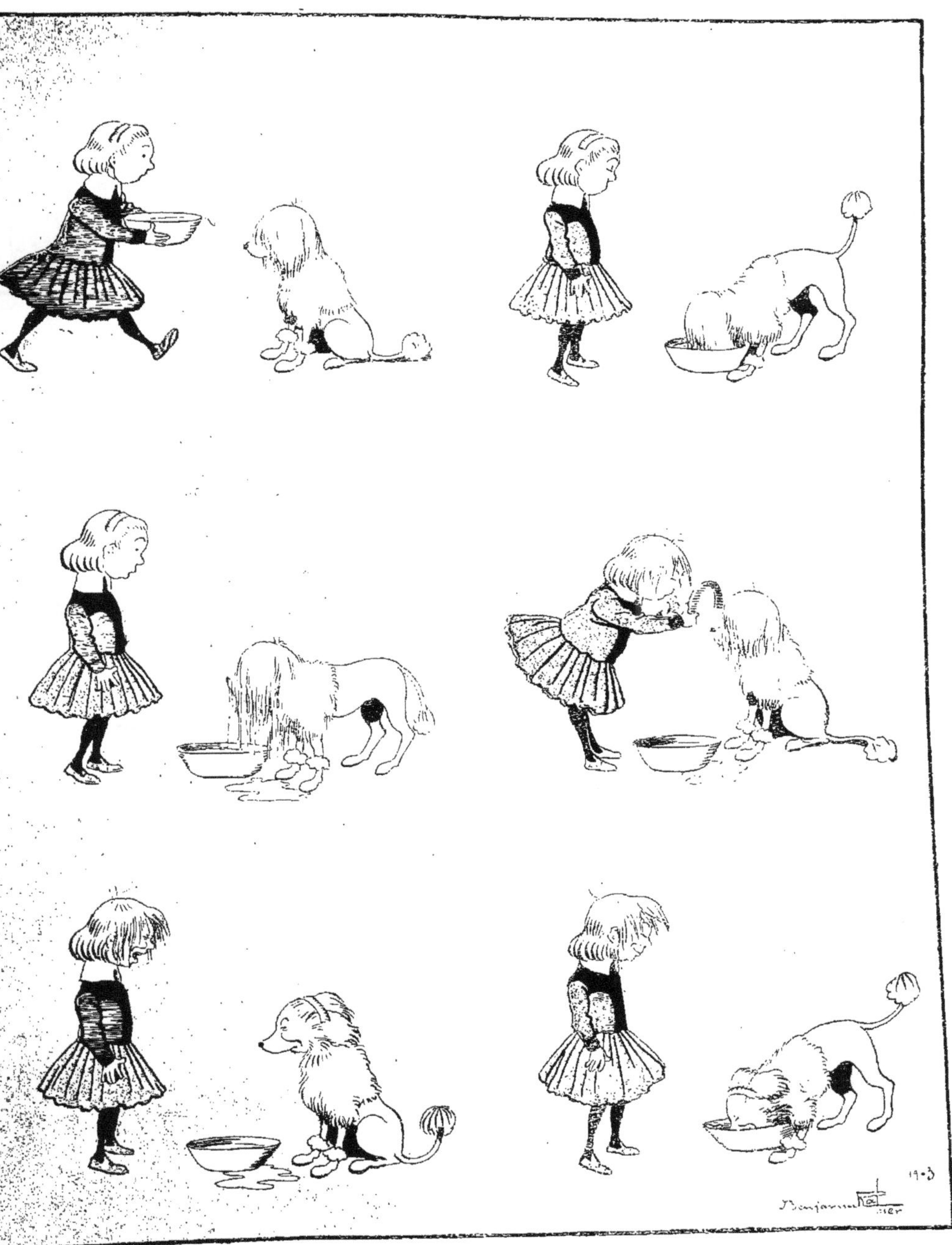

Comment mademoiselle Lili rendit un grand service à son ami Azor.

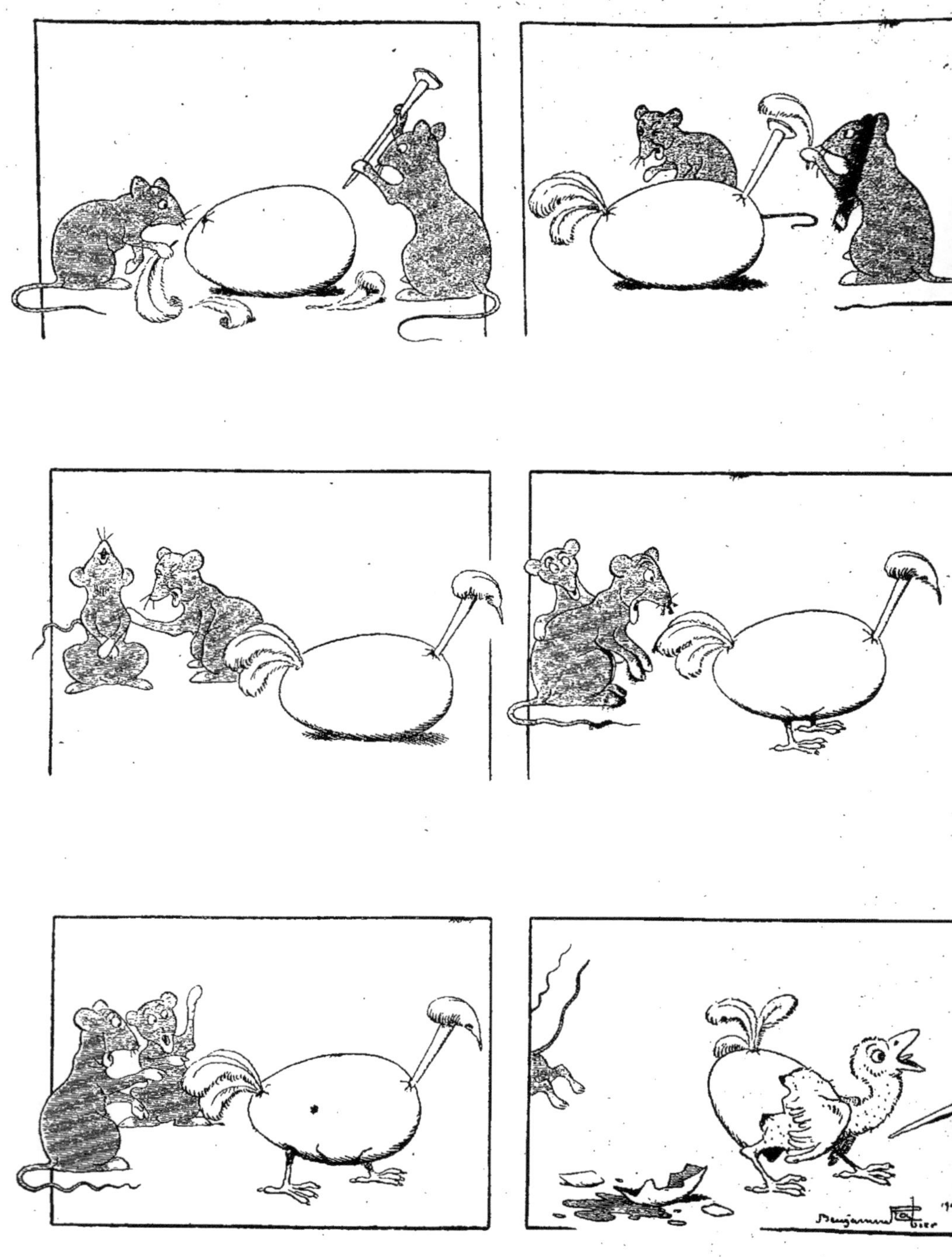

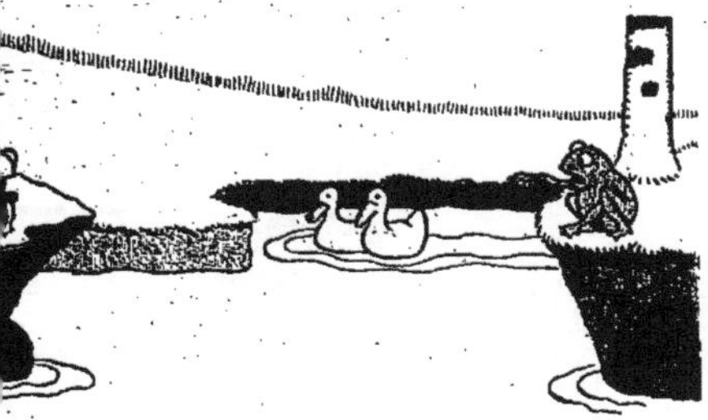

Attention... Ouvrons l'œil !... voilà deux canards...

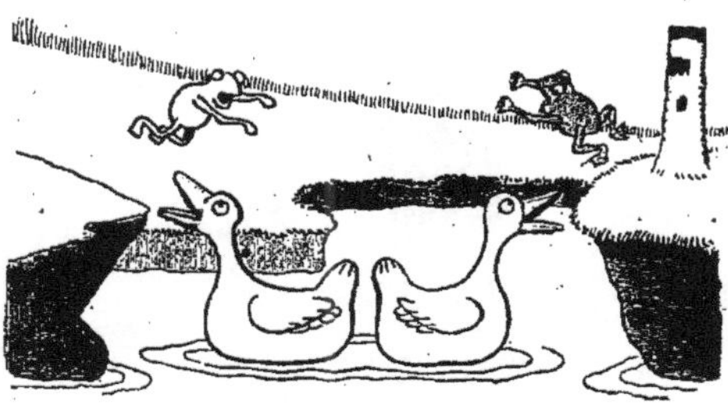

2. — Traversons... une !...

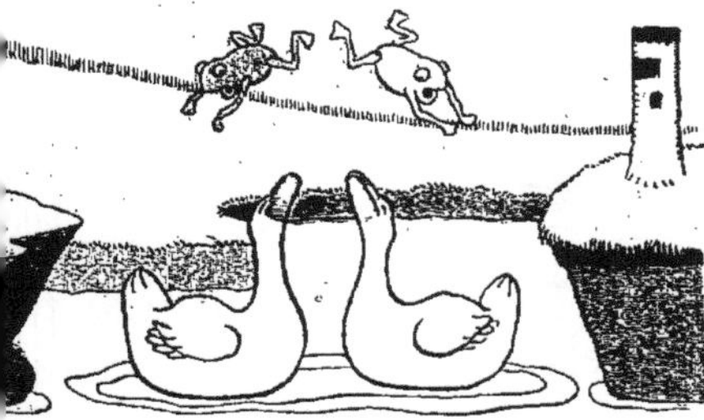

— Deux !...

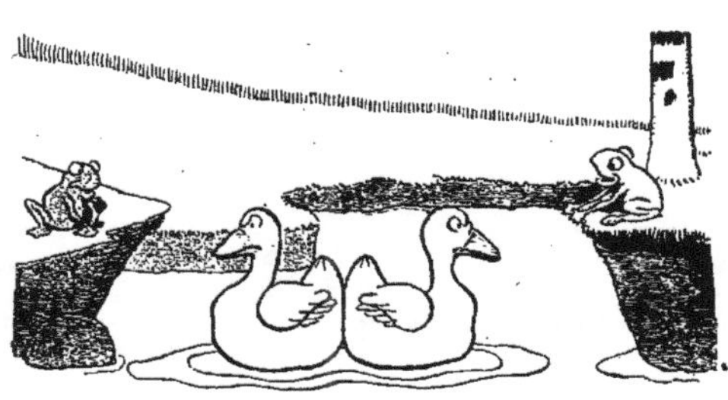

4. — Trois ! Épatés les canards !...

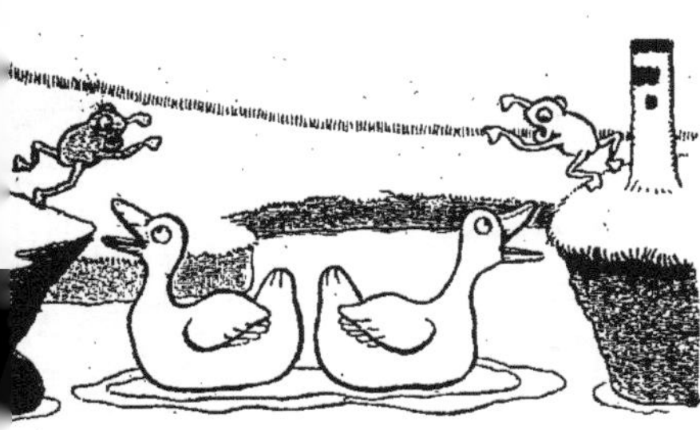

— Recommençons... une !...

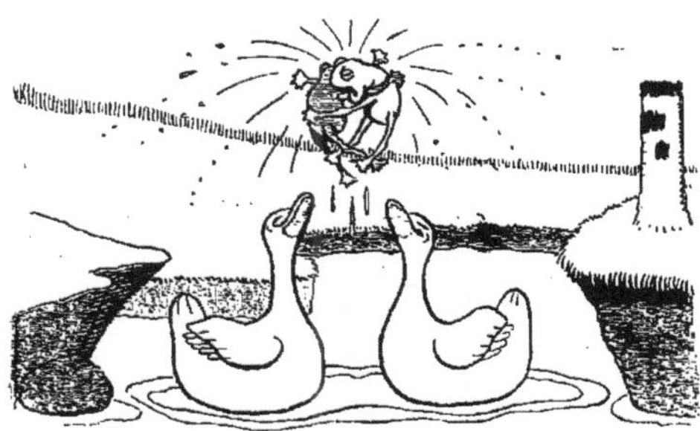

6. — Deux !...

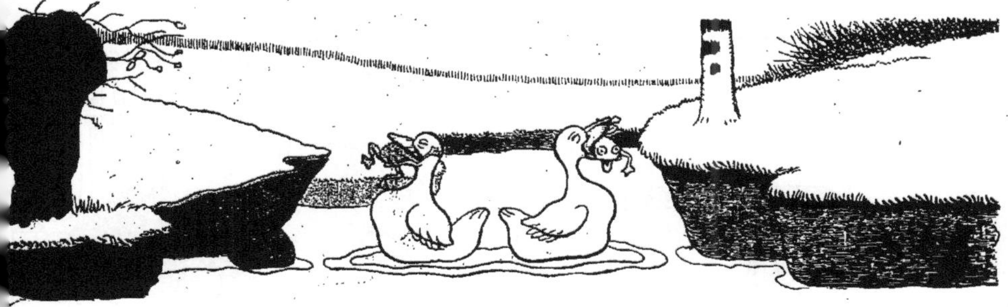

7. — Trois !!!

# SUBSTITUTION

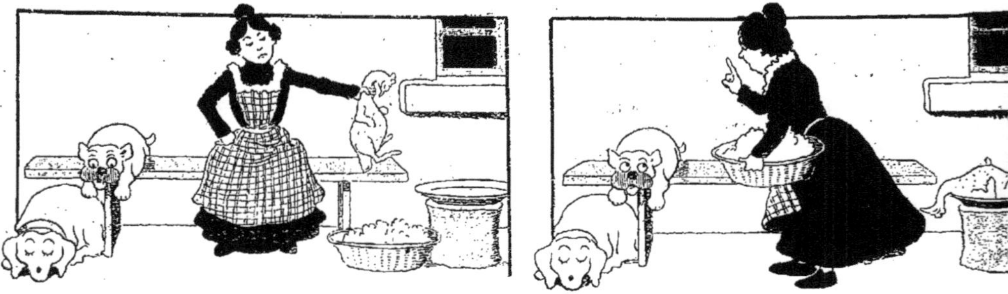

1. — Mes chéris, soyez bien sages... et que, pendant mon absence, personne ne touche au poulet...

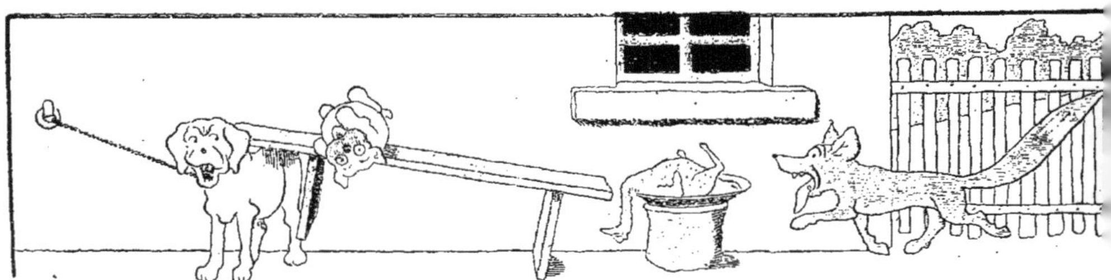

2. — Un renard affamé,. at tiré par l'odeur du poulet, arrive soudain... Médor, d'un bond, se trouve sur ses patt

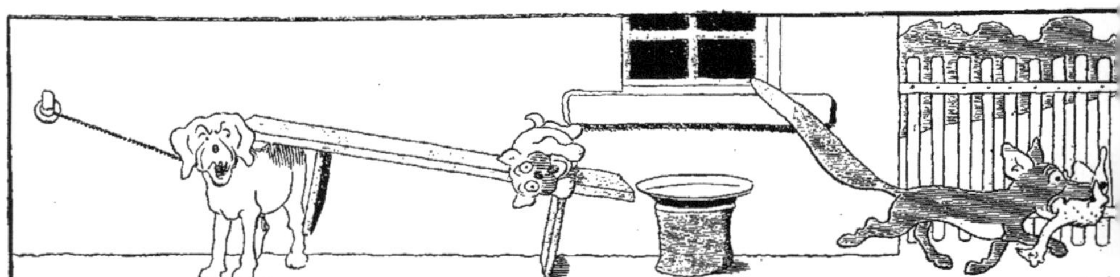

3. — ... Et soulève, dans ce mouvement, le banc sur lequel le gros Azor dormait profondément. Azor roule su pente et tombe dans le plat du poulet emporté par le renard.

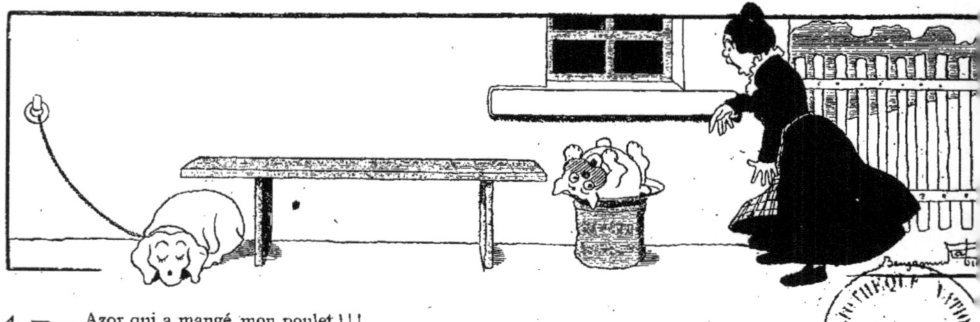

4. — ... Azor qui a mangé mon poulet !!!

Paris. — Imp. Paul Dupont (Ol.) (France). — 2.3.06

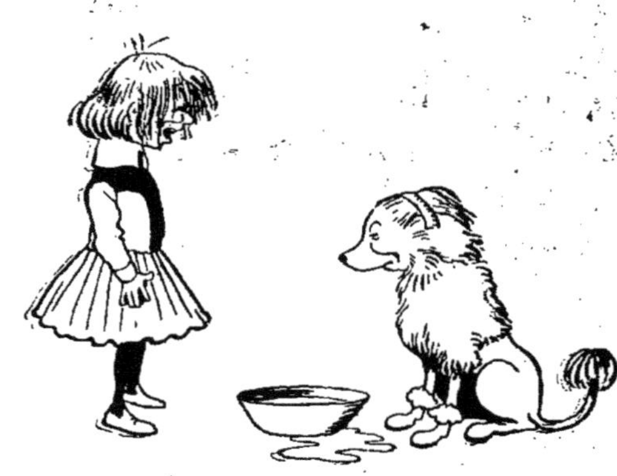

Imp. Ch. EYMENIE, 27, rue Pernety, Paris — 7-9b